ジェンダー化社会を超えて

教育・ライフコース・アイデンティティ

望月重信
春日清孝
原　史子

著

学文社

執 筆 者

望月　重信（もちづき　しげのぶ）〈序・1・2・終章〉
明治学院大学名誉教授
1943年　東京都出身
1976年　東京教育大学大学院教育学研究科博士課程単位取得満期退学
主要著書　『日本の教育を考える　第2版』（編著）学文社，2014,『子ども社会学への招待』（編著）ハーベスト社，2012,『子ども社会シリーズ3　子どもと学校』武内清編，学文社，2010,『子ども社会学序説』望月重信著　ハーベスト社　2010

春日　清孝（かすが　きよたか）〈第4・5・付章〉
明治学院大学非常勤講師
1961年　東京都出身
1997年　明治学院大学大学院社会学研究科社会学・社会福祉学専攻博士後期課程単位取得退学満期退学
主要著書　『沖縄　読谷村「自治」への挑戦―平和と福祉の地域づくり』橋本敏雄編，彩流社，2009,『〈社会のセキュリティ〉は何を守るのか』（編著）学文社，2011,『ケアの始まる場所―哲学・倫理学・社会学・教育学からの11章』金井淑子，竹内聖一編，ナカニシヤ出版，2015

原　史子（はら　あやこ）〈第3・6章〉
金城学院大学人間科学部教授
群馬県出身
1996年　立教大学大学院社会学研究科博士後期課程単位取得満期退学
主要著書　『基本保育シリーズ第3巻　児童家庭福祉論』新保幸男・小林理編，中央法規出版，2016,『基本保育シリーズ第13巻　家庭支援論』新保幸男・小林理編，中央法規出版，2016,『フェミニズムと社会福祉政策』杉本貴代栄編著，ミネルヴァ書房，2012,『女性学入門』杉本貴代栄編著，ミネルヴァ書房，2010

はじめに

　この本を手に取る方のなかには，「ジェンダー」について初めて学ぶ方や，何となく知ってはいるけれども，その意味について自分のことばで説明できないという方も多くいるかもしれない．しかし，それは現段階ではあまり問題ではない．本書をとおして，これから学んでいけば良いのである．この本は，そのような「ジェンダー」を学ぶ初学者を念頭に置きながら編集されたものである．

　巷には「ジェンダー」に関連するテキストは，豊富に，しかも多様に出版されている．本書のような入門書の類からはじまり，最新の知見も取り入れた専門的諸研究のサーベイまで扱うもの，さらには，個別学問領域毎にジェンダーをテーマとした編集を行っているものまで，枚挙に暇がない．このことは，きわめて広大で多様なジェンダーに関連するトピックを，学習する側が自分の目的にあわせて選択できる状況であるということもできるだろう．

　ここで，本書の性格と位置づけについて，もう少し詳細に示しておこう．

　最初に，先ほどからしごくあたりまえのように使っている「ジェンダー」について，最も基礎的な説明だけしておきたい．ジェンダー (gender) とは，「性」または「性差」を意味する概念であり，セックス (sex) という概念と近親の関係にある．しかしながら，セックスは「生理・生物学的な性（差）」という意味が強く，一方でジェンダーは「社会・文化的な性（差）」という意味で用いられる．詳細にいえば，セックスは，「外生殖器」-「性腺」-「性染色体型」

によって決定される生物学的，医学的，解剖学的範疇にあるものだが，ジェンダーとは，誤解を恐れずにいうならば，当該社会で期待される「男らしさ」「女らしさ」という意味である．「性差という意味では同じではないか」と考える人もいるかもしれないが，この両者が，一致しないことがありうる，ということが重要なのだ．

　このことは，メディアに登場する芸能人の性が多様化していることを思い出していただければわかりやすいだろう．性的マイノリティ（LGBT）についてメディア上で報道されるケースも増加したし，男女の対ではないパートナーシップについても注目されるようになってきた．「性は二つである」という思い込みは，急速に薄れつつあるといえるかもしれない．

　さらにいうならば，「世の中は男と女で構成されている」という「性の二分法」についても疑うことができる．たとえば，生物学的性差は「外生殖器」や「性腺」，「性染色体型」などの客観的な指標に基づいて説明されるが，医学的にも生物学的にも，明確に二分されているわけではない．実は人間の存在様式そのものが，その2つの性の「間」にさまざまな多様性を含んでいる．男女は連続的な概念なのである．性染色体型を例に挙げれば，XY（男性）・XX（女性）がすべてではなく，これ以外にも，XXY（たとえばクラインフェルター症候群），0（ゼロ）X（たとえばターナー症候群）という形式もあり，また，XXmale（外生殖器男性形）やXYfemale（外生殖器女性形）などもある．性を2つに決定できないことから，「性のグラデーション」という考え方もあることを覚えておきたい[1]．

　私たちは「性」を，「男性」と「女性」というデジタルな二分法に単純化してしまいやすいが，人間とは，その存在がきれいに二分されるような合理的な存在ではない．血液型や星座ですべての人格

が同一にならないのと同様,「男−女」という性によって私たちの在り方が根元的に決定されているわけではないのである.もし,それを無理に単純化するなら,それは単にステレオタイプの押しつけ,ラベリングでしかないだろう.しかしながら,学問的には否定される性の二分法が「自明」として流通している現状もある.それでは,なぜ,どのようにしてこの二分法は再生産されているのか.そこには社会的な背景がある.

ジェンダーとは,ヒトの成育過程において,養育者や他者との相互作用を通して教えられ,習得していくものであり,さらにはそれに基づいて社会的に位置づき,振り分けられ,使い分ける結果として構築されたものである.構築された内容は,日々の実践を通して現在も再生産されている.このプロセスを社会化(socialization)と呼ぶ.私たちは,生まれ落ちた当該社会の文化を日々学習していく社会的な存在である.ケイト・ミレットは「個人的なものは社会的なもの」というテーゼを示したが[2],自分という個人は社会と切りはなして語ることはできない.個人と社会とを結びつけながら問うことが重要だと私たちは考えている.この方法はC. W. ミルズの「社会学的想像力[3]」と共通であろう.

さて,本書で扱うジェンダーに関する知識は,常に,自らが生きる現実と対比し参照しながら学習することを前提にしている.制度化され体系化された知識の学習は重要であり,それを否定するつもりはないのだが,一歩間違うと,学習内容が自身のリアルなライフ(生)を置き去りにし,生きられるリアリティを覆い隠してしまう可能性も存在する.本書では,ジェンダーに関する知識と自身がジェンダーを生きるライフを結びあわせながら扱っていきたい.

別の言い方をすれば,本書で展開されるのは,正解を積み重ねる

学習ではなく，正解とされているドクサ（思い込み）の捉え直しをおこなうということでもある．少し古い文献だが，折原浩は「受験体制と学び」というトピックについて「受験のための学力」と「自身で考えてみる学力」を対比させ，次のように説明している．「受験のための学力」とは，「既成の知識を自明のこととして受け入れ，与えられた問題にすばやく解答するという能力」のことであり，もう一方の「自身で考えてみる学力」とは，「ある事象なりそれに関する既成の知識なりに疑問を抱き，自分の問題として興味を向け，長期間にわたってねばり強く自分で考え抜くというような内発的興味および懐疑，批判，自主的思考の能力」(4)をいう．前者は，産業社会で求められる合理性や効率性にはとてもマッチしているものの，さまざまな社会規範が地滑りを起こし流動化する現代においては，応用力という点で問題がのこる．この意味で後者は「危険社会」といわれる現代において身につける価値のある能力ではないだろうか．本書では，後者の「自身で考えてみる学力」に力点を置いている．

　私たちが生活する世界において習得した「日常知」は「科学知」に比べて曖昧でいい加減であるとみなされがちだが，いかに精緻化され権威づけられた知識や理論，概念であったとしても，私たちの日常生活における「検証」は必要であろう．「自分で考える学力」とは，専門家への白紙委任ではなく，自らのライフを構築するための自己決定を促すものである．

　先にも述べたように，ジェンダーにまつわるトピックは多様に存在している．「LGBT」や「ワークライフバランス」，「親密圏」，「ケアの倫理」，「性暴力」，「差別と平等」などなど，扱うべき対象は枚挙に暇がない．正解はひとつとは限らない．これらの事象について，説明の仕方も多様に存在している．私たちは，ジェンダーの学習を

通して，自分の生きる社会構造や社会関係と，自分のライフとをともに考えていくことができるし，それを通して他者との関係を生きていくこともできるのではないか．

　そのためのツールとして，本書が活用されることを願ってやまない．

　2016 年 1 月 10 日

執筆者一同

注
(1)　橋本秀雄 (2000)『性のグラデーション』青弓社
(2)　ミレット，ケイト (1985)『性の政治学』ドメス出版
(3)　ミルズ，C. W. (1965)『社会学的想像力』紀伊國屋書店
(4)　折原浩 (1969)『大学の頽廃の淵にて』筑摩書房

目　次

はじめに　i

序章　人間形成の社会的基礎 …… 1

はじめに　1
1　人間形成を考える基本的枠組みとその問題構成　2
2　人間形成の社会的基礎の「自明の前提」とその問題性　8

第1章　ジェンダー論の地平を拓く
―ジェンダーと教育の可能性を探る― …… 15

はじめに　15
1　ジェンダー研究の水準と教育実践　19
2　近年のジェンダー研究から学ぶ　24
3　フェミニズムとジェンダーの関係　31
4　ジェンダー論構築の可能性―まとめに代えて―　36

第2章　ジェンダーと教育（社会化）
―ダブルバインドと実践性― …… 43

はじめに　43
1　性的社会化からジェンダー社会化　48
2　ジェンダー形成のメカニズム　49
3　隠れたカリキュラムの功罪と課題　56
4　「ジェンダーと教育」の課題―まとめ　59

第3章　家族と福祉 …… 69

はじめに　69
1　家族と家族の福祉的機能をめぐって　70
2　家族内での女性の福祉機能の強調　72
3　子育て家族の困難　76
4　これからの家族への支援のあり方とは　84

第4章 コミュニティとメディア
―関係性の再構築のために― ……………………………… 89

はじめに　生きる場と関係の再構成　89
1　メディアとジェンダー　90
2　コミュニティとネットワーク　113
3　ネットワークと関係性の再編　119
4　ネットワークの重層性と関係性　123

第5章 「自立・共生」を超えて
―ジェンダー論的展開可能性の検討― ……………………… 127

はじめに―自立と共生を問う理由と意味―　127
1　強いられる自立―自立の批判的検討から　129
2　共生の困難　137
3　「自立・共生」を越えて　156
4　自己＝他者を生きる―関係性の再構築とセンシティヴ　164

第6章 就業とライフコース ……………………………………… 171

はじめに　171
1　性別役割分担意識と就業継続の実態　172
2　日本における「貧困の女性化」の現状　176
3　就労継続のために必要な制度的課題　180

終章 「ジェンダーと教育」の方法をめぐる基礎 ………………… 189

はじめに　189
1　性役割にみる二元論　191
2　近代社会における個人の二元主義　193
3　ジェンダー問題の研究の基礎　198
4　課　題　201

付章 ジェンダー関連の講義で良く出会うFAQ
―リアクションペーパーを通して ……………………………… 207

あとがき　225

序章 人間形成の社会的基礎

はじめに

　「人間形成の社会的基礎」というテーマを取り上げるばあい，人間形成の概念について，あれこれと考察することは当然の作業であろう．しかしまた，人間形成というコトバは，周知のようにまことに多義性に富んでいて考察を加えれば加えるほどわからなくなってしまうというのが本音であろう．

　人間形成に思いをめぐらせたとき，なぜそのようにわけがわからなくなってしまうのかといえば，おのおのの人間形成について抱くイメージが多様でありかつまたこれを論ずる私たち一人ひとりが主観的な感情をこめているためあらためて客観的かつ冷静に論じ合う困難を予感してしまうからではないだろうか．

　私たちの日常生活のなかで〈人間形成〉というコトバをどれほど用いているかと考えたばあい，あらためてこのように〈人間形成〉の概念について考察することのむずかしさを納得してしまう．しかし，筆者がこのテーマに取り組もうとしたのは2つの理由による．

　ひとつは，人間形成というコトバは，〈日常知〉として私たちの内面に了解されているはずなのであるが，いざこれについて考えてみた場合，教育学や心理学，そして社会学や哲学など，諸学のなか

でのみ論議されてきたという事情から，自分自身の問題としてとらえる以前に学知の問題としてしか考えないからである．

　学知には〈学問と人生〉という問題，〈科学知〉と〈日常知〉の接点をどこに求めていくかという大きな課題をもっている．人間形成に対して私たちが主観的感情をこめてしまうと上で述べたのは，実は〈科学知〉に対する異和感から来るものではないか．もしそうであるならば，〈科学知〉としての人間形成について一度，整理してみる必要があると考えたのである．そして〈科学知〉から〈日常知〉へと人間形成を考えていく手だてと認識の転換をはかるための課題領域を提起しておくことは，重要と考えたのである．

　第2の理由は，人間形成を〈過程〉としてとらえるということ，しかも社会的基礎のもとに考えるということは，抽象的な空間のなかで考察することではない．社会の中の人間を考えるからである．

1　人間形成を考える基本的枠組みとその問題構成

　人間形成についてまず考察をすすめる前提は，次のカント（Kant, I.）の『教育学講義』の冒頭のコトバである．

Der Mensch kann nur Mensch werden durch Erziehung.

　訳すと，「人間は，教育によってのみ人間になることができる」である．カントは，このあとの文章で，人間は，教育が創り出したものにほかならないこと，そして人間は人間によってのみ教育されるということ，しかも，同じように教育された人間によってだけ教育される，ということをいっている（村井 1974：104）．

　この言説は，たしかに人間形成の本質を規定したものである．しかし，この規定は，未来へのより幸福な人類への展望を示したもの

であって，「経験の中にまだ存在しないところの，完全性の概念」（同上：105）としての〈理念〉である．この〈理念〉は，現代の教育の情況を考えたとき，どれほど有益であろうか．筆者がこのような疑問にとらわれるのは，現代の教育のありように絶望しているというよりも，〈理念〉が今日の教育の現実を相対化しうる強さをもちえないくらい，現実の教育事情の深刻さと錯綜を感じているからである．人間存在の深い分裂と子どもたちの言葉にならない苦しみに思いをめぐらしたとき，なおさらそうである．いま，〈教育の効率〉や〈教育の理念〉を掲げることよりも，私たちの心性をとらえて離さない〈教育観念〉を形づくっているものへの注視とその背景の「読み解き」が重要なのである．

　たしかにまた，カントが『教育学講義』のなかで次のことを語ったのを私たちは，銘記し続けなければならない．

Der Mensch ist das einzige geschöpf, das erzogen werden muss.
「人間は教育されなくてはならない唯一の被造物である」（同上：101）．

　ただ，問題は，〈教育されなくてはならない〉というゾレン（教育のあるべき方針）で一体，いかなる前提に立つか，ということなのである．この必然は，「可能性」（Können）を前提としている．人間形成のこの「可能性」を教育の条件にする根拠は何か．また，〈されなくてはならない〉という必然は，どうして生じたのか．

　まず，教育の条件にする根拠であるが，森昭の「人間的主体に着目した基礎存在論的 =fundamental=ontologisch ともいうべき考察法」によって説明しよう（森 1978：195-197）．

　可能性の前提は，人間を「未だ決着せざる動物」=das noch nicht festgestellte Tier と規定する．そこでは，人間は，「世界へと

開かれている存在」=der Welt geöffnetes Wesen と意味づけられている．人間の根源，そのもっとも根本的な独自性が，「世界への開放性」=Offenheit für die Welt である．このように考えるならば，この独自性が開眼するのは，人間的個体が，自然と歴史的世界にむかって開かれてゆく過程によって，つまり，人間独自の行為（作業・認識・表現・実践・思索）によってである．

さて，この開放性=Offenheit は，シェーラー（M. Scheler,）の「環境世界」の桎梏からの脱却を意味する．シェーラーによれば，この「環境世界」とは，以下のように説明される．

「生理学的＝心理学的状態性からの出発がつねに，おのれの環境世界に対する動物的行動のドラマにおける第一幕である．その場合，環境世界の構造は動物の生理学的な特性に，そして間接的には形態学的な特性に，言いかえれば一つの厳密な機能的統一を形成している衝動・感官構造に，正確かつ完全に『閉鎖的』に適合している．動物が認め，とらえることのできるその環境世界そのものはすべて，動物のこうした環境世界構造の安全な柵と境界の内部におさまっている」（シェーラー 1977：49）．

筆者は，うえのシェーラーの文章に接しながら，〈現代の学校教育の中の子どもの状態〉を思考している．そこでは，動物は子ども，環境世界の構造は〈学校〉，そういうものとして映ってしまう．シェーラーによれば，動物行動の第二幕は，動物（＝子ども）の反応によって環境世界の現実がなんらかのかたちで変化をきたすが，それはあくまでも動物の衝動目標に方向づけられている．今日の子どもたちは，学校教育の目標（学歴偏重と業績主義）に衝動的ともいえるかたちで方向づけられている．この〈かたち〉は，学歴社会であり，学校教師により，家庭の親の働きかけによって創られてき

た．また，ここで衝動的とは，子どもの感官構造が〈世界に開かれた〉ものではなく，安全な棚と境界の内部，つまり，偏差値の高い進学に有利で安全な学校と学級，または進学塾に適応している状態と考えることができる．

シェーラーは，動物的行動の経過は，必ず次の形式をとるという（同上：50）．

動物　⇄　環境世界

うえの図式では，子どもの行為主体と世界との諸関係が意味的に充実されることがない．今まで，教育学の世界では，人間はたんに「在る」のではなく，「成る」のだという前提に立ってきた．「生成する」（WerdenとかBecomingという）ことこそ人間の本質，教育の基本条件と考えられている．デューイ（J. Dewey）も「人間の成長」（growth）すなわち教育ととらえたが，その教育の基本条件として，〈未成熟〉（immaturity）をあげた．

未成熟とは，否定的でかつ子どもを尊重しない概念のように思えるが，成長の諸相でとらえたとき，潜在能力として，つまり「可能性」として積極的に評価される．私たちがそこに教育的意味を認めるのは，未決着であるがゆえに〈可能性〉をもって価値的により高い方向にむかって決着するという予知があるのである．だが〈価値的により高い方向〉が問題なのである．現代の社会では，シェーラーのいう「全人」（Allmensch）を目指すというものではない．全人とは，「人間のあらゆる本質的可能性を実現して自己のうちに包含している人間の理念」（同上：176）である．私たちは，これとはおよそほど遠い，実証主義者の「工作人」(ホモ・ファーブル)を目指すのみである．そ

れは，市民社会を担う中産階級の原型であるホモ・エコノミックスに通ずる．アダム・スミス（A. Smith）とその経済思想のなかに読みとれるこの人間観は，たしかに人間の本性を〈利己心〉にのみ置いていない．それとともに〈利他心〉を並存させるが，経済のみを追求する本性，つまり富への途を目指すほうが，今日では圧倒的である．

今日の社会の人間形成の思想は，このホモ・エコノミックスに裏打ちされたものといえる．たしかに学校教育は，富を創造し獲得する途のみしか若い子どもたちを導いていない．それどころか，校則をはじめ教育上の管理と訓育を強めてきた．ヘルバルト（J. F. Herbart）の指摘をまつまでもなく，これらは，子どもたちが首尾よく学ぶための教育上の条件であるはずだ．周知のように，進学競争は富への途を目指すもの，利己心を喚起させるものである．しかし，これはそれ自体，倫理とは無関係である．では，学校教育のあの倫理の徹底は何を意味しているのか．それは，マックス・ウェーバー（M. Weber）の「資本主義の精神」のなかの営利欲が〈反倫理的〉であるとはいえないと同じように，勤勉とか節約といった「徳」と結びついていることと同義なのである．

学校教育は一方で業績主義的価値を高らかにうたい，何ゆえ子どもたちを死に至らしめてしまうほどの管理を強めているのだろうか．この二者が不可分に融合している学校教育の現実がある．この現実から脱却する人間観を私たちはどこに求めるか．

さて，シェーラーは，動物はおのれの世界のなかへと自己を没入して忘我的に生きると指摘した．しかし，「精神」を有する存在者は違う．人間は，行動の衝動インパルスから独立していて，つねに視覚的あるいは聴覚的に規定された環境世界の感性的な外的側面か

らも独立しているとシェーラーはいう．この独立，つまり衝動インパルスの阻止は，行動の次元では，「世界開放性」という行動の形式を導く．シェーラーは，これを図で次のように示した（シェーラー 1977：50）．

人間　⇄　世界　→　▸　……

うえの図を説明するコトバは，次のシェーラーの指摘で十分である．

「人間とは，無制限に『世界開放的』に行動しうるところのXである」（同上：51）と．

この世界への開放性を生きる人間が，本能的に未決着のままで生まれる人間である，という．だからこそ，人間は「『自由に行為する存在』freihandelndes Wesen たるべく課題づけられており，未決着な『自分自身から，なにものかを作り出す』etwas aus sich selber machen ことによって，自分で自分の在り方に決着をつけなければならない」（森 1978：197）ということができる．今日の学校教育の現実を批判するためにこの人間観は，価値があるのだろうか．筆者には，本質的な〈理念〉として了解できるとしても現実を相対化しうる有力なものをもっていないというのが本音である．

コトバ尻をとらえるようだが，次の疑問がわくのである．① 自由に行為する，といったとき，自由の〈地平〉はどこまでなのか．② なにものかを創り出すというが，このなにものか（etwas = エトヴァス）とは何か．③ 自分の在り方に決着をつけるというが，その決着のつけ方は何によって可能なのか．これらの疑問は，どれひとつをとってみても重要な課題であり，すぐに何らかの回答を与える

ことができないが，こうした疑問がそもそも現われる背景には，もとより〈人間⇄世界〉の相互的かかわり，および世界の〈内実〉をどのようにとらえているか，また，〈世界→→…〉という〈方向性〉というか志向の目標(ゴール)の地点は設定されないで無限なものなのだろうかといった根本問題が伏在していると思われる．そして，これこそ，〈社会的基礎〉の問題へと導かれる問いである．

2 人間形成の社会的基礎の「自明の前提」とその問題性

人間形成の社会的基礎を考察する基本的前提は，社会化である．社会化を考える枠組みは，以下の図に見るとおりである．

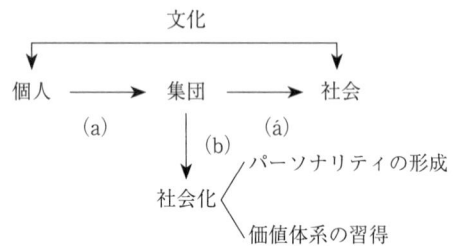

図序-1 社会化を考える基本枠組み
(出所) 柳洋子 (1980) 『社会集団論』早稲田大学出版部，p.68 の図を修正

社会は，野生の世界から日々，おびただしい「新参者」を迎えている，といわれる．そして，社会は，この侵入者を放置しておくわけにはいかない．野生のまま（無法図）では，彼らの社会生活はおろか，社会そのものの存立がおびやかされる．社会としては，彼らを同化して社会生活に参加させることが解決方法だと考えた．こうして，社会生活に未熟な世代に対して，その社会に固有な文化を伝

達し，社会生活に必要な能力や資質を発達させ，彼らを共同体の成員として育てなければならない．これが社会化である．

　社会化は，社会からの意図的な働きかけであることはいうまでもない．具体的には，集団，つまり，集団を構成する人間関係及び，集団の規範に見合った思考様式や行動が可能になるような〈集合的傾向〉を身につけなければならないということである．図序 -1 で，人間は集団を構成しているわけだから，社会化は，集団の大きな機能であり，人間は，終生，集団とは切りはなせない．a か á として，社会に参入するために，b が必須であるという機能的な考え方がそこにある．

　社会の性格を集中的にもった場が，まず〈家庭〉であることはいうまでもない．そして，一般に家族は，知的な要素や情緒的な要素まで含めた教育活動を営んでいると考えられてきた．しかし，この行動様式の〈教育的〉枠組みは綻び複雑になっている．以下の常識的な言説は，ほとんど意味あるものと映らない．

　——子どもは，社会的な未成熟者と考えられるのだから『一人前』の人間になるまでは，社会的に公認された『依存者』であるとして，親はこの依存者である子どもをコントロール（しつけ）して社会に適応できるように成熟させる役割をになっている．——

　未成熟が「可能性」として，潜在能力として積極的に肯定的に了解されていた背景には，可塑性と依存性という人間の性質が条件としてあったからである．可塑性は，人間の内から自発的に活動する力，経験から学びうる能力である．依存性とは，デューイによれば，無助性の状態にあること，人間が他の人間の助力を借りなければ成長できない．だからかえってそのことが，社会化にとって重要な条件となる．

だが，人間が，いや生まれてくる子どもたちが，高度に発達した文明社会に適応し，自立的で自由な〈主体性〉を形成していくためには，生理・生物学的な存在者だけに止まらず，生得的な本能にのみによらず，後天的な影響（学習による）によって，可塑性を個体から引き出す（erziehen）よう努める．そのような〈公言説〉は，今日，家族や学校のなかでむなしく響くのは，筆者だけなのだろうか．

　人間は自由に行為する存在だという．世界への開放性を生きる人間が，可塑性，依存性を条件としてもっていることがわかった．しかし，その条件がかえって学校教育の教育システムに組み込まれる共通事項として了解されてしまってややこしくなった．筆者には，可塑性，依存性が「文化資本」と結節している事態を今日の子どもの人間形成のなかに読みとってしまう．文化資本は，もともとそれを所有しているかいないかによって，学校の成績の良し悪しとの直接的な関係を知るひとつの概念である．

　ブルデューとパスロン（P. Bourdieu & J. C. Passeron）は，「再生産」のなかで，文化資本を次のように規定する．

　「文化資本とは，種々の家族的 AP（action pédagogique: 教育的働きかけ——引用者による）によって伝達されてくるもろもろの財のことで，文化資本としてのその価値は，支配的 AP の押しつける文化的恣意と，それぞれの集団または階級のなかで家族的 AP を通して教えこまれる文化的恣意との距離によって決まってくる」（ブルデュー&パスロン 1991：51）．

　今日では，文化資本の価値といえば，むろん，先天的な能力の高さ（たとえば，あの子は生まれつき，東大，京大に入れる能力がある，といった言説）はあるかもしれないが，家庭の教育力でも，学校の指導力によるものでもない．

階層による文化資本の再生産といった実証的な資料をもっていないが，わが国のばあい，その文化資本の価値は，進学塾や進学校が付与するものである．文化が資本であるということは，高い学歴を身につけることと連接して，そのために進学競争に勝つための〈資本〉ということができる．しかし，それは，ブルデューによれば，社会のなかで，身体化された状態，客体化された状態，制度化された状態で存在するという．そこで，「身体化された状態としての『文化』は，個体の身体からはなれては，それ自体として存在することのない文化的諸能力をさす」(秋永 1991：26)という．

可塑性，依存性が，学歴という教育制度によって介在されて，非人格的ともいえる，社会的地位に転換される．可塑性，依存性を文化的諸能力として具現するためには，あらゆる手だてを講じる．あらゆる手だては，文化的恣意そのものである．そこから降りること，「逸脱」していくことも文化的恣意であるといわれる．

このように考えてみるならば，「世界開放性」というあの図式，人間⇄世界→→…は，不断に文化資本を獲得していくための営みと考えられなくもない．たしかに，可塑性，依存性は，文化的能力である．しかし，それが個人から離れて，社会的に実在するようになる変化，その変化を善とする社会的，歴史的構造が，人間⇄世界における閉じられた〈世界〉の現実である．

いまの子どもたちは，世界内存在として生きている．そうはいっても，ブルデューのいう支配的 AP と家族的 AP による〈押しつけ〉と〈教えこみ〉から逃れられないのである．たしかに家族は，複雑な社会の文脈に入る最初の通路であり，子どもが，そこで既存の集団の規範や行動様式をあらかじめ学び，準備していくための基礎的な「場」(トポス)である．しかし，いまや家族の集団状況は，おお

かた，価値と規範と役割遂行のしかたを教えこむことを超えて否，ときに放棄して，教育の成果を基準にしながら，社会構造の中心的構成要素たる〈地位と役割〉に人びとを配分していくという学校教育への下請け的な状況に陥っているといわざるをえない．学校教育の業績価値本位が，家族生活のなかで，親と子どもの〈自我の境界性〉を不明確にしているのである．親子の関係様式が，文化資本の獲得のために凝集性を帯びているといっていい．

文化資本を成功のうちに獲得した人間を，社会化に成功した人間とするならば，それは，「客観的現実と主観的現実（ここにはもちろんアイデンティティも含まれる）との間に高度の調和が確立される」（バーガー＆ルックマン（P. L. Berger, T. Luckmann）1977：276）状態をさしているといえる．バーガーによれば，社会化が成功しているばあい，そこでは，アイデンティティをめぐる問題は存在しないという．〈自分は何者であるか〉という問いは，意識にのぼってきそうもない．なぜならば，社会化によって，社会的にあらかじめ定められた文化資本は，主観的にも圧倒的に現実性をもっていて，そこで人びとは，ますます意味ある社会的相互作用のなかで一貫して確認でき，価値あるものとするからである．

また，バーガーによれば，社会化の不成功は，「人生遍歴における偶発事の結果としてのみ生じる」（同上：279）という．たとえば，「不具者」とか「私生児」は，子どもの第一次的社会化で社会的に恥とされる「身体的欠陥」とか社会的定義に基づいた「汚名」（ラベリング）によって損なわれたりするケースがある．彼らは，すべて個人的に不幸という性格をもたざるをえない．私たちは，これから社会化の問題性やジェンダーについて考えていくさい，バーガーの社会化の不成功に関する考察は重要である．社会化が不成功に終

わるであろう人間について，バーガーは以下のように指摘する．

「つまり彼が疎遠な世界のなかにでもいるかのような形で事実上囚われている社会的に定義された現実と，その世界をごくわずかしか反映していない彼自身の主観的現実との間には，大きな不調和が存在することになるであろう．しかしながら，この不調和はなんらの蓄積的な構造的帰結をももたらしはしないであろう．というのも，それは，それ自身の制度化された一連の対抗的アイデンティティをもつ対抗的世界へと結晶化できるための社会的基礎を，まったく欠いているからである」(同上：280).

受験とか進学に失敗する子どもたちや，いまの競争社会から「おりた」子どもたちは，おとなの側からみれば，社会化を不成功に終えた人たちとみなすであろう．そして，彼らは，現時点で，マージナルな集団のなかで対抗的な現実を対象化しようとしないで，「自閉」し，世界に反抗し，そして「異界」へと飛翔する．

さて，ここでようやく，私たちは，積極的な意味での「社会化異変」に注目し，〈対抗文化〉創生の可能性について言及することができそうである．

60年代，70年代の対抗文化はアイデンティティ追求をともなっていた．社会秩序に対する根源的な改革を求めていた．しかし，今日ではそのような対抗文化の構築が困難な状況にある．どうしてなのだろうか？アイデンティティの探究不全症候群，つまり「自我と社会との接点から生ずるアイデンティティ感覚」をもてない子どもたちは学校社会のリスクマネージメントから逃れ，また家庭のなかの「居心地＝居がい」の悪さを解消しようと飲酒，喫煙，徘徊等を繰り返す．

〈対抗文化〉の可能性は学校文化や大人文化に対する正統性を疑

うことから芽生える．「正統性への懐疑」は人間形成の論理から新しい文化構築を可能にすると考えられないだろうか．

ポール・ウィリス (P. Willis) は，反学校的な男子生徒たち (ザ・ラッズ) の反権威感情を描写した．ウィリスはこう述べる．

「ある歴史的な生産様式が機能しつづけるための社会的条件が再生産される仕組み，そこに労働階級の文化それ自体が決定的な関わりかたをしている」(序章「落ちこぼれの文化」p.8 より).

かれら (ザ・ラッズ) 個々の「卓越性」(distinction) に大人はもっと気づき，これを社会化エージェント (コミュニティ) で活かし醸成する居場所作りがいま求められている．

付記　本章は，「人間形成の社会的基礎・序説——ジェンダーとスクーリングの視点から——」(『明治学院論叢』第 524 号「教育学特集」第 15 号, 1993 年 3 月) より一部を加筆と修正を加えて転載したものである．

引用・参考文献
秋永雄一 (1991)「文化のヒエラルヒーと教育の機能」宮島喬・藤田英典編『文化と社会—差異化・構造化・再生産』有信堂高文社
シェーラー著，飯島宗享・小倉志祥・吉沢伝三郎編，亀井裕・山本達訳 (1977)『シェーラー著作集 13 宇宙における人間の地位』白水社
シラー著, 清水清訳 (1952)『美的教養論』玉川大学出版部
バーガー，P. L. & T. ルックマン，山口節郎訳 (1977)『日常世界の構成』新曜社
ブルデュー & パスロン著, 宮島喬訳 (1991)『再生産』藤原書店
ポール・ウィリス，熊沢誠・山田潤訳 (1985)『ハマータウンの野郎ども』筑摩書房
村井実編 (1974)『原典による教育学の歩み』講談社
森昭 (1978)『森昭著作集 4 教育人間学 (上)』黎明書房
柳洋子 (1980)『社会集団論』早稲田大学出版部

第1章 ジェンダー論の地平を拓く
―ジェンダーと教育の可能性を探る―

はじめに

　ほぼ1980年代後半からわが国において取り上げられるようになったジェンダーと教育の課題は，近年のジェンダー・フリー批判の渦中（バックラッシュ）にあって何を目指していたのか．

　ジェンダーというコトバを行政の領域で使用しなくなってきている現状をどう理解したらよいだろうか．この問いは，「あらためてジェンダー研究を考える」ことでもある．ジェンダー批判のバックラッシュは，おのずからジェンダー研究の意味と方向性への問いを惹起するものである．

　本章のねらいは一言でいえば「ジェンダー研究は何のために？」である．研究の意味を問うことであるが，ジェンダーと教育が実践を抜きに論じられないことはいうまでもない．このジェンダー教育実践において，男女平等教育の一貫としては，ジェンダー・フリー教育の実践（数値化と判定を奨励する）を挙げることができる．若い教師のために作成されたジェンダー・フリー実践のための手引書(1995)は，改めて手にすれば「脱イデオロギー」のなかに「イデオロギー性」を読み取ってしまう．

　このさい，上野千鶴子をはじめ，一部の「女性学研究者」のフェ

ミニズムの声を除き，1980年代末からわが国で取り上げられるようになったジェンダー研究は，マルキスト・フェミニスト，ソーシャリスト・フェミニスト，そしてエコロジスト・フェミニスト等のフェミニズムの潮流をを意識しつつイデオロギーのパースペクティブを避けてきた．脱イデオロギーのイデオロギー化である．

筆者も1990年にイギリスのケンブリッジ大学教育学部のPGCE（教員養成コース）に学んだときに，はじめてジェンダーの講義を受けた教室で，ミシェル・スタンワース（M. Stanworth）やマドリン・アーノット（M. Arnot）から「あなたは男であるのになぜフェミニズムに関心があるのか．フェミニズムは男の批判から始まる．そのことをどう思っているか」と尋ねられたのを記憶している．詳細には覚えていないが，たしか筆者はこう答えた．「ジェンダーをとおして，社会の在り方や諸矛盾を解決していくきっかけ（clue）をつかみたい．」そして内心，忸怩たる思いで，次のように応えた．「家庭内にあっては女性の世界（women's land）にある自分が，子どもたちとどう関わるのか．3人の娘は，この世界でこれからどう生きていくのか大変関心があるからだ」と．

筆者の応えは，フェミニストたちはじめジェンダー研究者たちにとって説得力のある返答ではないだろう．なぜならば，おそらく彼らイギリスの研究者たちは，一方で「体制の変革」を意識して研究をしていたであろうし，他方で「人間関係の変革」を求めて教育実践知を追究していたからである．前者は，マドリン・アーノットが目指そうとしていた営みであろうし，後者は，ミシェル・スタンワースのテーマであったと今日あらためて筆者には思えてくる．

さて，筆者はケンブリッジ大学教育学部のPGCEコースの多くの興味深いトピックのなかでも「教育におけるジェンダー問題」に

注目した．それは，1990年当時のイギリスの教育社会学の潮流で構造・機能論と象徴的相互作用論の対立解消はいかにして実現可能かという問題意識と無関係ではなかった．

この問題意識（マクロとミクロの非和解的ともいえる二元論）に今日でも筆者がこだわるのは，ジェンダー研究においても二元論は不可避な論点のひとつだと思うからである．

ジェンダー研究の認識の前提は，ここで改めて指摘することでもない．〈性とジェンダー〉である．この二項（バイナリー）を布置することで，ジェンダー理論の研究者たち（あえて筆者をも含めて）はジェンダーに・つ・い・て考え，その地平を探るうえで二項の概念が必須なものだという暗黙の前提があったことは否定できない．

女性（feminity）と男性（masculinity）についての二分法の布置が，ジェンダーを探る手だてをいかに形作るものなのか．この問いは，〈構造と主体〉の問題を提起することでもある．

構造については公的（社会的）領域と私的領域というコトバをとおして，領域の交差（構造と差異）に注目し，私たちの日常生活がいかにジェンダー化された道筋（the gendered ways）のなかに嵌め込まれた社会構造のなかで営まれてきたかを問題視することにある．

また，主体や社会組織が定義されるのは，言語のなかにおいてであるということ，言語の役割に注目するポスト構造主義では言語の効果は言語学の領域を超えて，言説に及ぶ．そして言説は権力関係と密接な関連があり，権力と知識関係は特定の言説と離れがたく結びついているという認識を導く．私たちが世界を視る日常の「常識的世界」を構成している権力的な言説空間とは何か．理性と合理主義の有力な言説を問題視することでポスト構造主義は（主体と）身体性の次元へとシフトする．

ジェンダーと身体の問題も興味深い．ジェンダーは，人間の遂行的な相をもっているし，物理的身体は完全には無視できないだろう．また，身体は言説によって構成されていない．むしろ，身体をともなって私たちは世界を経験し，ジェンダーを生きる．言説を介在させた経験は身体の経験でもあり，私たち（ジェンダー研究者）が使用しているジェンダー・アイデンティティやジェンダー役割はジェンダー化された言説の行使であったのである．

さて，上でポスト構造主義（者）の考えを抽象的に論じた．とくにフェミニズムの立場からは，リュース・イリガライ（L. Irigaray）の「闘い」はジェンダー研究，主にジェンダーと教育を考えるうえで示唆的である．つまり，言語や言説の論理をつくってきたのは男性であり，セクシズムの存在を無視し，男性支配を歴史的に許してきた支配的言説と男性的論理の組み立てを問題視することで「女性的なもの」と「女性のセクシュアリティ」をイリガライは探究した．

教育の観点からはカリキュラムが産出される方法に注目する．使用され，解釈される仕方にもかかわる問題であり，権力・知識が教育システムや社会のなかで男性支配（hegemonic masculinity）のもとで，教育実践が行われてきた事実を析出しようとする．

いずれにせよ，ジェンダーと教育におけるフェミニストの考えは，理論的，実践的にも重要な働きをしたことは否めない．「ジェンダー秩序」を転換していくこと，ジェンダーと学校教育（schooling）において自明視されている仮説を覆すこと（男女混合名簿の作成などにみる），女子生徒の学業成績のパターンとジェンダー・アイデンティティの意識形成に差異（ジェンダートラッキング）を抉ること，学校教育で教師の実践や教育課程がいかにセクシズムを再生産しているか（隠れたカリキュラムとジェンダー構成），その構造特性を分析して

第1章 ジェンダー論の地平を拓く　19

みせることなどが主な仕事であった.

1 ジェンダー研究の水準と教育実践

　先述したとおり，筆者はイギリスの教員養成コース (PGCE) のなかのジェンダーと教育について学んだ．その理論的背景の基礎は，オープンユニバーシティの教育 MA コース「ジェンダーと教育研究のガイド」(1987) にある．イギリス社会の女子教育史，家族史と女性，資本主義社会における家族とジェンダー，そして再生産理論と隠れたカリキュラム，フェミニズム思潮，性役割理論と社会化などミクロとマクロの視点が包括的に取り上げられていた．

　筆者の研究報告「教育におけるジェンダーイッシュー，序論」(1991) を取り上げてみる．分析の主題は家族であり，社会 (資本主義) に適応する個人特性を産む家族の子育て実践に注目している.

　家族 (システムとしての) は，現状維持を保つ強力な力をもっているだけでなく女性を周辺化するシステムである，と指摘している．女性が周辺化におかれるということは，私的領域を生きる生活の情況をいう．そこでは，性別役割分業を自明のこととして担う女性の姿がある．妻であり母親である女性は家族内の社会化過程において子どもに〈らしさ〉を内面化させていく現実構成の担い手である．

　縦軸に，社会・強調点・過程を立てる．横軸に，社会学的機能論，マルキスト機能論とラディカルフェミニストを設定して分析の焦点を明らかにしたのが表 1-1 である．

　この分析枠組み (Mochizuki 1991) は，今日では古くさいかもしれない．なぜ，ラディカルフェミニストだけなのか．第一次・第二次の社会化過程で再生産されるものとして具体的に何があるか．ポス

表1-1 ジェンダーイッシュー分析枠組

	社会学的機能論者 (Sociological functionalist)	マルキスト機能論者 (Marxist functionalist)	ラディカルフェミニスト (Radical feminist)
社会 (society)	相互関連 (interrelation)	分化 (differentiation)	抑圧 (oppression)
強調点 (emphasis)	貢献と安定 (contribution and stability)	矛盾と葛藤 (contradiction and conflict)	経済的搾取と占有 (economic exploitation and domination)
過程 (process)	社会化 (socialization)	再生産と経済的搾取 (reproduction and economic exploitation)	従属 (subordination)

ト構造主義者を横軸に置くと,社会次元=〈権力と知識〉,強調点=主体,言説,過程=自明の思考作用などを想定できるのではないかなどが考えられるからである.

さて,今日までのジェンダーと学校教育の中心課題は,抑圧(oppression),従属(subordination)を生きる女性(女子生徒)の生き方の模索とそのための〈女性差別〉〈女性への偏見〉を構造化する(engendering)装置の解明にあった.学校はセクシズムの再生産装置であり,ジェンダー・フリー教育実践によって,セクシズムを解消していくことが求められた.ここでは,ジェンダーというレンズの発見によって教育の世界でも不可視の領域を明らかにするという課題がある.そして,学校におけるセクシズムはどのような形で現れてくるのかというテーマがジェンダーと教育の課題であった.

ジェンダーと教育に関する興味深いテーマが提起されている先端のジェンダー研究者による著作『ジェンダーで学ぶ教育』(天野正子・木村涼子編,2003)で次のように指摘されている.

「ジェンダーが生得的なものでないとしたら,それは,いつ,ど

こで，どのように伝えられ，習得されていくのか，逆にジェンダーの縛りから，いつ，どこで，どのように解放されていくことができるのかは重要な問題である．ここから『教育』への注目がはじまる．ジェンダーを『つくる』教育と『変革する』教育という，教育が担う二つの働きへの注目である」(天野・木村 2003：5).

この指摘の二重性は，何を目指しているのだろうか．ジェンダーというタームを手にした以上，それによって視えなかったものが視えるようになる．そしてそのあとに来るものは何であるのか．また，ジェンダーの「縛り」から解放される(た)情況を私たちはどのように確証できるのだろうか，疑問は尽きない．

教育実践は，もともと逆説的な重層性をもった営みである．既存の知の体系及び習慣的な行動，獲得された生活様式を獲得しながら他方でこれを否定し，そこから「新たなもの」を創る営みである．ジェンダーを「つくる」教育の前にもうすでに子どもやおとなは「ジェンダー化された社会的世界」に生きている歴史的現実があり，教育はそのジェンダー形成をより確かなものにし，再生産し続ける「営為」である．「つくる」教育は再生産することに止まらず，形成され自明視されたジェンダーを更新することを意味する．

では，ジェンダーを更新する教育とは何か．更新する〈主体〉は誰なのか．それはここでは教師と生徒であり，「まなざし」である．ジェンダー・フリー教育を実践する教師自身もジェンダーを生きている(doing gender)．子どもと家族(体系)，そして地域と学校(組織)もジェンダーで構成された社会的世界なのである．

第二波フェミニズムは，セクシズム(性差別主義)を指摘した．ジェンダーという構成概念は，このセクシズムを発見した時点で，制度化された女性の従属状態と差別(行為と構造)を明らかにする方

向に向かったのである.

バーガーとケルナー (P. L. Berger & H. Kellner) は, ゲーレン (A. Gehlen) を引用して,「後景」と「前景」の2つの戦略的概念を指摘している.

「いかなる人間社会も, しっかりとプログラム化された活動という後景と, 諸個人が革新をおこないうる前景とからなりたっている. 制度の目的は, 後景を『充たす』こと (Hintergrundserfüllung) である. 実に制度化とは, それまで前景にあった——つまり, 十分な注意をはらい, 慎重におこなわれていた——ことがらを, 自動化されたプログラムというこの後景のなかへ転換するプロセスなのである」(バーガー&ケルナー 1987：222).

ジェンダーを更新する教育は, この後景を前景へと戻すという単純な営みではない. たしかに私たちは, コンシャスネス・レイジング (意識高揚), エンパワーメント (力をつける), そしてジェンダー・センシティヴ (ジェンダーに敏感), ジェンダーチェック (点検) という実践の方法や企図を手にした. しかし, 教育実践をとおしてしかそれが実現されないという意識 (志向) に止まることをやめて別の方途を模索していく必要はないだろうか.

前景のなかにジェンダーが嵌め込まれている以上, 従来の教育学——教えと学びの双方的な交通による学校知とヒューマニズムの知の交歓——では, ジェンダーを生きる〈主体〉の利己的利益 (業績達成) は否定できない. 差別や抑圧を感じる人は結局は男女平等のもとで「インセンティヴ」を督励されるだけである.

ここでの論点は「変革する主体」の問題である. 変革する主体は, 児童・生徒であろう.〈教えと学び〉の伝統的な教育学において〈教えることは学ぶこと〉という観点から, 学ぶ主体が尊重された. し

かし，児童生徒から学ぶ教師もジェンダーに敏感でなければならない．

　私たちが「主体」について語るのは，現実に対して「共通の意識をもつ」こと，「共同性」の実践を教師が心がけることである．ジェンダー・フリーの教育実践は，共同性志向であった．教える〈主体〉と学ぶ〈主体〉も「ジェンダー化」(engendering)を生きているという現実認識は重要である．

　ジェンダーと教育は，「伝統の教育」(実践)学の地平のなかで展開されてきた．たしかにジェンダーの視点からの授業づくりをみると，〈導入―展開―終末〉というシークエンス(授業の展開)通りに行かない．橋本紀子の次の指摘は重要である．

　「たとえば，授業展開例のところでは，原則として小学校は教師と子ども，中・高は教師と生徒としましたが，なかには"わたし"と"仮名の子ども名"をそれぞれつけるなども認めています」(橋本・村瀬 1999：4)．

　ここには，「個性的な各授業者の意思を尊重してとった措置」(橋本紀子)という認識がある．筆者(望月)は小学校高学年の「女らしさ・男らしさ」の授業を観察したとき，終わりのないディベート授業になってしまったのを記憶している．「らしさ」の二分法が学級で出現すると「善玉・悪玉」のジェンダー・センシティブの有無に帰結してしまう．これを避けるのにコの字型の座席に男女混合の座わり方は必要であるし，教師に間の取り方やタイミングよい発問が求められる．

　ジェンダー教育実践は，教師と生徒，生徒と生徒という〈教育的関係〉ではなく，教師と生徒の活動，生徒と生徒との(ジェンダー化された)活動を二分する役割関係ではない．いわば，パウロ・フ

レイレ (P. Freire) のいう銀行型教育でなく,「課題提起型教育」の実践が求められる.

フレイレは,こう述べる.

「生徒の省察のなかで,たえず自らの省察を改める.生徒は,もはや従順な聴き手ではなく,今や教師との対話の批判的共同探究者である.教師は生徒に考えるための材料を与え,生徒が発表するかれの考えを聴きながら自分の以前の考えを検討する.課題提起型教育者の任務は,臆見 (doxa) のレヴェルにある知識が,理性 (logos) のレヴェルにある真の知識によってとってかえられるための条件を,生徒とともに創造することにある.銀行型教育が創造力を麻痺させ抑制するのにたいして,課題提起型教育は現実のヴェールをたえずはぎとるはたらきをもっている」(フレイレ 1979：83)

テーマ設定の理由や授業の目標は柔軟に設定しておきたい.セクシズム,バイアス,などの臆見がどういうかたちで人びとの間で伝承され,それらがどうして「自明なもの」と承認されていくのかについて創造的な対話をし続けていくことが大切である.生徒が,抑圧者－被抑圧者のいずれかの立場に立って対話をしてしまう二項対立的思考に基づき「生徒を対象として諌める」のではなく「〈人間の問題〉として課題提起していく方法」を模索し続けるのである.

2 近年のジェンダー研究から学ぶ

ジェンダー研究の端緒を開く論文として必ず引用される天野正子の「『性（ジェンダー）と教育』研究の現代的課題」(1988) は,今日でもジェンダー研究の可能性を示唆する領域を多くもっている.図1-1 をみよう（天野正子, p.50 より転載).

性別による進路分化という限定があるもののジェンダーと教育にとって最も重要な点は学習のかまえである．行為主体をそれぞれ規定する階層文化が鍵であろう．ポール・ウィリス（1977）は（イギリスの）学校内の対抗文化の出現の様態を描写し，人材配分システムとそれが呼応していて階級構造の再生産に寄与してしまう現実を指摘したことは新鮮であった．労働者階級の子どもたちは学校文化から疎外される（「落ちこぼれ」ていく）かもしくは反抗するようになる．最初は，従順であるかまったくの無関心であったのが何をきっかけにして荒れるようになったのか．この荒れにジェンダーは関係していないだろうか．

問題はスループット（内部過程）において，性認識と性役割と「学びのかまえ」を教師がどのように「反転」させるかである．教師は，ジェンダーのダブル・スタンダードを生きている現実も見逃せない．それはジェンダー化された学校文化を生きることともうひとつは教師自身のジェンダー・アイデンティティとジェンダー・バイアスの問題（スタンダード）がある．

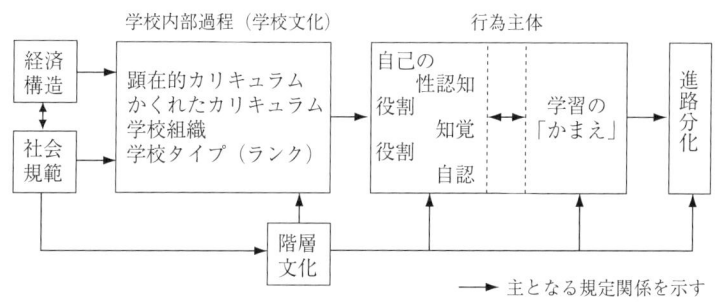

(出所) 天野正子「『性（ジェンダー）と教育』研究の現代的課題」(1988)

図1-1 性別による進路分化と関連要因

中流階級の子どもたちは，学校文化の象徴的様式（カリキュラムや教師の礼儀正しさや教科書言語）に親しさを感じるか，安心して関わることができる（これこそ権力関係を維持するコミュニケーションの象徴様式とブルデュー（P. Bourdieu）はいう）．

　ジェンダー・フリー教育実践において生徒の学習のかまえを考えるうえで重要なキーは〈ジェンダー形成〉である．子どもの世界に「二分法的ジェンダー」が形づくられるメカニズムのエスノグラフィックな分析がある．おとな（親，幼稚園の先生，隣近所・親類のおじさん，おばさんなどなど）やメディア（子ども番組や絵本）そしてキャラクター商品，遊具，教具などがエンジェンダリング（ジェンダーを促進する）の不可視なコード（規約）であると指摘できる（関連の研究では，森繁男（1989）『性役割の学習としつけ行為』，また天童睦子（2001）『ジェンダーとヘゲモニー支配』，最新の研究では藤田由美子（2015）『子どものジェンダー構築』などがある）．

　隠れたカリキュラムや学校タイプ（ランク）については，笹原恵が『男の子はいつも優先されている？』(2003) で教員組織のあり方こそ子どもたちに対する「隠れたカリキュラム」であると指摘している．単に教育課程と教科書のジェンダー分析に止まらない〈教育的ジェンダー関係〉論，そしてさらに〈教員のジェンダー文化〉というフィールドワークの困難な領域が取り上げられていて示唆に富む．

　隠れたカリキュラムがセクシズムを伝達するという実証研究はこれまで多くなされてきた（亀田・舘 1987, 2000；氏原 1996；木村 1999）．木村涼子は隠れたカリキュラムがみえるようになるための「リテラシー」をもった人材の養成を訴えているが，教員養成におけるジェンダーイッシューをどこまで養成の教育課程のなかに組み

込み，女性学教育の方向性（日野 1999）をしっかりと定めていけるかが課題となってくる．

　差別的な隠れたカリキュラムが「見える」だけが，実践の目的ではない．「見る主体の形成」が求められるわけだが，教師と生徒が，自明のカリキュラムを疑問視し合う契機をつかむことが先決ではないだろうか．批判的内省（critical reflection）が生徒や教師の間で生まれ，学校教育（schooling）や教育システムの構造を問題視することが期待されるがジェンダー実践は困難な営みである．教員組織の在り方や同僚性，ジェンダー化された（学校）教育システムと教育計画に気づくことなど根本的に検討する作業になるからである．

　この根本的な検討のための視点として，フェミニストペダゴジーという概念が発展したことはよく知られるところである．フーコー（M. Foucault）に関心をもつフェミニスト・アカデミックス，フェミニスト教師，そしてカリキュラム研究者たちは，ペダゴジー（教授方法）に関心をもつ．彼らは知識の産出，譲渡，変容，そして具現が教師と生徒との間と知識そのものとのインタラクション（双方的関わり）において展開すると考える．そして彼らは教授-学習過程が，多次元的なものへと発展するという認識をもっている．

　たとえば，意図された学習とそうでない学習の認識はいずれも教師の力量に委ねられるが，教室で一体，何が起こっているのかを考え，とりわけ女子生徒の間でのジェンダー・センシティブに注意を払えば授業は多方面に展開するはずである．

　教室における従来の教育学のペダゴジー（教育目標に沿うかたちでの教授・学習過程を展開する）では限度がある．多次元の学びの地平が拓かれ，そのために教師がかつて教育を受けてきたこととは異なる方法（ペダゴジー）を知り，かつその違いを教師・児童・生徒と

もに持続して認識していけるかが要請される（Hollingsworth 1997：176）．

　もうひとつ重要な点がある．教師はあらゆる教科群のなかのひとつまたは全教科の教師である．ここにジェンダーをめぐる教科教育（学）と教育学（批判的，フェミニストの）理論との間の「せめぎ合い」があるはずである．女性学と男性学の分野のなかにペダゴジーの記述と説明がなされている．それをいかに「教育理論」へと構築していくかが課題である．その理論はむろん実践を基盤（Practice-based）としたもので，その探究の真理がひとりかすべてのものに凝結しないペダゴジーでなければならない（Kenway & Modra 1992：162）．

　上野千鶴子が指摘しているが（上野 1999：84），教育をフェミニスト的に行うことと，フェミニズム理論を教育することとは異なるという認識は重要である．そして，共感するにせよ，距離をとるにせよ，女性学とは何かを知らなければ，自分の立ち位置を決めることはできないこともたしかなことである．筆者は，これに男性学についても知識をもたなければ女性教師も男性教師も教室におけるジェンダー教育実践をめぐる議論は有益ではないと考える．

　さて，教室における児童生徒の「学習のかまえ」と教師の在り方とペダゴジーについて述べてきた．「かまえ」は，また性認知や役割自認と無関係ではない（先の天野正子の図 1-1 を想起），これについてはここでは詳細に論じることができないが，次の3点は，ジェンダーと教育の実践的理論構築をするうえで重要である．① 私たちの社会では，男性であることや男性に所属するものに，より高い価値が与えられている．② 異性役割を選択することに対する圧力が相変わらず男子により強い．③ 女子のステレオタイプがますます曖昧になってきている（伊藤 2003：31-32）．

ステレオタイプが曖昧になっていることがジェンダー・フリーもしくはジェンダー中立化にとって実践的に有効であるかは検討の余地がある．教室で女性というアイデンティティを否定したいという生徒もいる．ジェンダー・アイデンティティは，家庭のなかでのジェンダーへの社会化過程で型づくられる．ジェンダー化された家族体系を崩しかねないほどジェンダーと教育（実践）は教育（実践）において価値の問題を含んでいる．

ジェンダーへの社会化をより一層促進させる学校タイプ（ランク）の研究でも興味深い報告がある．中西祐子は生徒・学生の進路展望に見られる分化の原因として以下の2つを仮説している．① 進路展望に見られる学校・大学差は，入学以後の社会化の結果である．② 進路展望に見られる学校・大学差は，学校・大学ごとにそのチャーターにふさわしい社会化を家庭で受けた生徒・学生が入学してきたことを反映しているにすぎない．

前者の仮説は，教育機関内部の社会化効果がより強いことを強調する立場であり，後者は学校・大学選択時にはたらく階層文化効果がより強いことを強調する立場であるという（中西 1998：158）．

中西祐子の論点は，インプット（家庭文化）――スループット（教育組織）――アウトプット（生徒の進路）間の対応関係（コレスポンデンス）を明らかにしたことにあるが，この関係認識は，時系列的・一元的ではない．むしろ再帰的かつ錯綜であると考えるべきだろう．ジェンダー・トラック上の位置に起因する学校の水路づけは，階層文化だけでは分類できない家訓・家風・校風・建学の精神，歴史・伝統が陰に陽に作用しているからである．この問題構制は今後キャリア形成とジェンダー，また，「ジェンダーの視点からの労働教育の必要性」（木村 2005）へと発展すると思われる．また，「学校選択

制——親の教育選択——とジェンダー構成」の問題でもある．

　さて，1990年代後半のジェンダー研究の動向を探るうえで注目される論者は以下である．天野正子 (1988)，亀田温子・舘かおる (1990)，森繁男 (1992)，中西祐子・堀健志 (1997)，木村涼子 (1999)，多賀太ほか (2000)，天童睦子 (2001)，赤川学 (1996)，伊藤公雄 (1996)．

　近年，幼児教育の分野において，藤田由美子の研究に注目しよう．

　藤田は保育者の活動に「性に基づく処遇」が明確にされていないこと，むしろ「個人」の発達に強い関心をもっていると指摘している (2014: 20)．ここで，「ジェンダーを意識化」することがない原因を考えなければならないだろう．

　保育者の性別，養成段階でのカリキュラム構成，そして幼稚園，保育園における保育方針と保護者の協力等の課題がある．ジェンダー秩序をめぐる「ジェンダー・ギャップ」の問題—保育者自身と保育園，幼稚園，保護者の三者間のギャップ—は重要である．

　保育者が女性職であること，女性が占める保育現場であるがゆえに対男性との関係でのジェンダー問題は見えにくくなるのではないか，という問題もある．保育実践におけるジェンダーの不可視状況は考えられる．保育士のセクシズム，幼児の親のジェンダー意識，男性保育士のジェンダー観などに保育所，幼稚園間の実践の公開と研究交流をもっと密に行っていくことが必要である．「子ども・子育て支援」とジェンダーの問題である．

　近年，教員世界では学校が男女とも性別にとらわれずに活躍している場とは必ずしもいえない，とする河野銀子の指摘がある．①女性の勤続年数や給料の低さ，管理職の割合が小さい，②受験に強い進学校ほど，女性教員の割合が低い傾向があるなどである（河野 2014：149-150）．

ジェンダー・バッシングやバックラッシュを経て10年が経過した．現職教員の初任研でも「男女平等・男女共同参画」の内容を盛り込んだ県市数はそう多くないという木村育恵の報告がある（木村 2014：191-192）．たしかに実証研究の成果を理論的に構築していくことも必要であるが，今生きている日常生活のジェンダー化社会を「視える化」する（社会）実践こそ一義的なことだと思うのである．

3 フェミニズムとジェンダーの関係

　日本におけるフェミニズム理論の動向は，周知のように欧米の潮流と動きに照応する形で展開してきたといえる．また，ジェンダーとフェミニズムとの関係は密接であるが，ジェンダー研究者はフェミニズムと一線を画するというスタンスをとる．フェミニズムにはいろいろな潮流があるが女性学の発展は「女性差別もしくは抑圧状況」に注目し，その差別構造を解明するだけに止まらず差別や従属，抑圧を解消していく運動と基本的にとらえることができる．ジェンダーは「社会的構成」に注目する．したがって，ジェンダー形成，ジェンダーへの社会化，ジェンダー役割，そしてジェンダー不平等などのタームから読みとれるように〈構成されたもの〉の次元とエージェンシィ（家庭・学校・職場）に注目する．論点はこの〈ジェンダー構成〉とは何かである．

　このジェンダー不平等にフェミニストの反応がある．不平等を惹起するものとして父権制が取り上げられるか，また資本主義システムの所産によるものとフェミニストらは見なすか，いずれにせよ社会の根本的，革新的な再構築を目指そうとする．ジェンダーとフェミニズムとの「破婚」は興味深いテーマである．ジェンダー研究及

びジェンダーと教育に関する課題領域を考えるうえで，ジェンダーとフェミニズムとの関係は無視できない．

これに関して，江原由美子は次のように述べている．

「『良い意図』や『解放への意思』は重要である．しかし，これらだけでは，社会理論としては十分ではない．女性たちが経験した近代社会とは，いったいどんな社会であったのかということに耳と目を傾け，そこから社会理論を形成していこうとする姿勢があるのかどうかということこそ，もっとも重要である」(江原 1988：17)．

江原由美子の論点は，明快である．まず，近代社会が公的領域と私的領域の二つの社会領域から成立していること，第二に私的領域は近代社会の不可欠の構成要素であって，私的領域の活動は権力作用によって統制されていて，個々人の自由意識によって簡単に変えられるものではないこと (同上：19)，つまり「近代社会システムの二重性」への認識が重要だという．

この認識の「気づき」をわれわれはどうつかむのか．ソーシャリストフェミニスト側からすれば，ポストモダンフェミニストの欠点は労働者階級の女性の立場について言及しないという批判がある．労働者階級の女性の地位の「気づき」は賃金格差や性役割分業における従属的地位にある．江原由美子はフェミニズム理論を一つの社会理論と位置づけて，社会理論とは「社会の自己認識」であるという．フェミニズム理論も近代社会とはどんな社会であるのかをめぐる女性の立場からみた「社会認識」である (同上：12)．

さて，パウロ・フレイレの「被抑圧者の教育学」を想起しよう．ジェンダー理論とフェミニズム理論 (社会の自己認識) そして批判的ペダゴジー理論の実践的検討は可能であろうかと問うてみる．表1-2 に示されているように，フェミニズムの潮流は多様である．し

かし，女性学教育の可能性を探るうえでフレイレの次の指摘は示唆的である．

「セクト主義は狂信主義によってはぐくまれ，つねに人を精神的に去勢する．ラディカリゼーション radicalization は批判精神によって培われ，つねに創造的である．セクト主義は神話を生み，それによって人を疎外する．(中略) ラディカリゼーションは自分が選んだ立場に積極的に関与し，かくして，具体的客観的な現実を変革する努力にこれまで以上に熱心に身を投ずる」(フレイレ 1979：5).

表1-2の江原由美子による類型化には，ポスト構造主義のフェミニズムがない．ベッキー・フランシス (B. Francis) によると (Francis 2001：68)，フェミニズムの解放の物語 (narrative) は，ポスト構造主義の観点から「誇大な物語」に見えるし，それも道徳的真実の主張を基盤としている，という．そしてポスト構造主義理論は相対的なものでそのような真実の物語を脱構築することを求めるものだという．

ポスト構造主義の立場が，ジェンダーと教育実践に対してどれほど有益な示唆を与えるか未知数である．しかし，ヒューマニズム (近代主義の枠内での) に基づく解放の物語，真実の言説が現存する個人である自我という近代的な概念にエイジェンシィ (自我が育まれる場) が基盤をもっている以上，疑問符をつけざるをえない．

ポスト構造主義の「自我の消滅」という論点は，性とジェンダーという概念そのものを脱構築することになる．女性とか男性は存在しない．ただジェンダー言説のなかで位置づく自我が存在する．多くのフェミニズムが依拠する価値とかエイジェンシイを脱構築するポスト構造主義の立場は，ヒューマニストフェミニズムとは反対の極にある．ヒューマニストフェミニストは，権力関係の複合性を説

表 1-2 フェミニズム理論の類型化

フェミニズム理論	近代社会の評価		性差別の原因	
ブルジョア的フェミニズム	＋		公的領域（主として政治・法律）	
社会主義フェミニズム	基本的には＋	前近代よりも進歩し、しかし、次の段階の準備段階	公的領域（主として経済）	性差別の原因は、基本的には女性が社会的生産に参加してこなかったため
ラディカル・フェミニズム	中立	近代社会もそれ以前の社会と同じ位、性差別的社会	私的領域	性差別の原因は、性心理的・文化意識的・生物学的な家族
前期マルクス主義フェミニズム	基本的にー	近代社会において女性は無償の家事労働に従事させられた	公的領域	私的領域の変化は、資本主義経済の効果である
エコロジカル・フェミニズム	基本的にー	近代産業社会の生産中心主義が女性と自然を抑圧・支配	公的領域	経済領域における産業主義と、近代社会における合理主義が身体的自然の存在である女性を抑圧
後期マルクス主義フェミニズム	＋とー	家父長制と資本主義は相互関係にあるとともに、相互矛盾的関係にもある。強化の側面では女性にとって抑圧的であるが、矛盾的関係においては女性に解放の可能性を与える	公的領域と私的領域双方	この二つは独立の要因、しかも相互に関連
ポスト・モダンフェミニズム	基本的にー	近代資本制でファルス中心主義は強化された	私的領域	性差別の原因は、ファルス中心主義エディプス主体の内面化を強制させられたこと

（出所）江原由美子 (1988)「フェミニズム理論への招待」別冊宝島編『わかりやすいあなたのためのフェミニズム入門』JICC 出版, p.16

明するがそれは単純化し過ぎるし，帰一的なもののように映る．

この理論上の対立は，さらに深く議論されるべきものだろう．なぜなら，ジェンダーと教育の研究者の間で，研究と解放の目的と関心が不調和のままでこのポスト構造主義の相対主義に苛立ちつつも，理論的に袋小路に陥ってしまうことになると予想されるからである（Francis 2001：70）．

ジェンダーと教育がつきつけているフェミニズム理論は，錯綜のなかでポスト構造主義の立場に立って，不断に産出されるジェンダー言説を分析する．言説を使用する方法などを模索し続けることであり，そこでは"他者性"に注目し，それがオープンな関係であること，また他者性の価値に顧慮を払うことなどをフランシスは主張する．ここで〈ジェンダーと他者性〉という大きな課題を背負いこむことになる．

筆者は，フェミニズムと教育理論の問題設定を一貫した体系のもとで整理できるか疑問に思っている．ジェンダー研究は，現在，錯綜と模索の時期に入ったと考えている．それでもジェンダーと教育の実践の重要性を否定できない．フェミニズムとジェンダー教育学との理論的な袋小路からいかに脱出できるか模索し続けよう．これに関わって天童睦子は，表1-3のような視点をまとめていて興味深い（天童 2001：120）．

しかし，生徒・学生に主なフェミニズム理論を確認し，ジェンダーイッシューについて気づくことだけが究極の目標ではない．「教育問題のフェミナイゼーション」が先決なのである．

表1-3 主なフェミニズム理論と教育問題の視点

	教育問題の視点	キーワード
リベラル・フェミニズム	教育機会の平等	性役割の社会化 性別ステレオタイプ
ラディカル・フェミニズム	文化と知識の男性支配	性と身体の男性支配 家父長制
マルクス主義フェミニズム	階級関係／ジェンダー関係の複合的再生産	資本制と家父長制
ポスト構造主義フェミニズム	多様な「差異」のもとでのジェンダー公正	権力関係と言説による性的差異の構築

4 ジェンダー論構築の可能性─まとめに代えて─

　本章を締め括るにあたって，ジェンダーに関心をもつ者にとってジェンダー・フリー教育や性教育の行き過ぎた指導に対する批判に注目しておく必要がある．詳細の紹介は省くが，伊藤公雄の「バックラッシュの構図」と亀田温子の「教育装置のつくりかえ」（『女性学』Vol.11, 2003, 所収）を簡潔に紹介しよう．

　伊藤公雄は，バックラッシュの理論を冷静に分析している．バックラッシュのレトリックに「相対主義」があるという．批判する人たちは「ジェンダー・フリー」や「フェミニズム」を一種の原理主義的な思想として描きだす一方で，自分たちを「穏健な」「常識的」な立場であると強く訴えている，という．「常識・良心」の言説がイデオロギー的（教条主義に基づく特定の価値観）と考えられる．ジェンダー平等の可能性を探ること，ジェンダーイッシューの問題を取り上げることに，どういう意味があるのか．伊藤公雄が指摘するように「生き方の選択肢を広げること」であるし，筆者から言えば「自己＝他者性を生きる関係性」の模索と考えている．関わることと拘ることで「自明視」されてきたものの関係認識を対象化するため

第1章 ジェンダー論の地平を拓く　37

にジェンダーを介入させてみることなのである．

　女性であること，男性であることをジェンダーやフェミニズムは否定しない．フェミニズムは本章で指摘したようにさまざまな考え方，思想があるが，バッシング派の人たちもその「派」と「思潮」に加わり，対論の俎上に乗って活発な議論をすべきではないだろうか．「女性」であること（人間でもあることは当然として）で不利益を被る事態を「他者性」としての自己は無視できないという認識が重要である．フェミニズムは固定したイデオロギーではない．伊藤公雄は次のように締め括っているが，この考えに賛成である．「バックラッシュ派によって捏造されたイメージをときほぐし，ウソやデマゴギーを排しつつ，自らの主張を，わかりやすく伝え広げるという工夫が，ジェンダー平等の政策の推進のためには求められているのだ」(伊藤 2003：18)．

　亀田温子は，ジェンダー・フリー批判の拡大を「明らかにある意図からつくりあげられていることがだんだんと読めてきた」と指摘する（亀田 2003：21）．つまり，「社会を見る力」のアプローチを全面的に削ぎ落としていること，男女に関わる生物学的な混乱（性別にこだわる）などを引用してジェンダーバッシング派は，「個人の性格や内面に話を誘導するかたちで日常生活の不安と『ジェンダー・フリー』を結びつけているのだ」という（同上：22）．

　バッシングによって「教育装置の再編」をねらっているのなら，教育システムの構造及び今日の教育改革の動きのなかに国家の論理と「国民」の心情の論理の逢着と結節点を読み解く必要がある．

　山田昌弘は，ジェンダー・フリー教育を行わなければならない理由のひとつに「コミュニケーションのあり方の活性化」をあげている（山田 1997：10）．

ジェンダーというエピステモロジー（認識枠組み）は，社会（認識）力を培うこと，関係変革をミクロ（微視）において実現するよう求め，政治・社会・文化の体制を検討することにあるのである．

日本教育学会はかつて，課題研究「ジェンダーと教育」研究委員会活動を設置した（2002年9月～2004年8月）．その報告集の「ジェンダーと教育」（140ページにも及ぶ）の序で，以下のように記されている．

「（前略）90年代後半にようやく，広がり始めた両性の平等教育，ジェンダー・フリー教育へのバックラッシュが早くも起きている現在，ジェンダー視点からみた教育領域における課題を正確に把握することは急務となっている」（「ジェンダーと教育」研究委員会2004）．

社会教育，家庭教育，学校教育（生活指導，ジェンダー・フリー教育・性教育）そしてメディアなどの各領域のジェンダー研究の成果とその議論を今後どのように現実のジェンダー構成と問題へ関連づけながらの認識を共有し合えるか，研究者間と教室の子どもたちとともに考えていきたい．

本章で諸外国（主としてイギリスとアメリカ）のジェンダー研究の動向とフェミニズムとの関連について紹介と咀嚼が十分にできなかった．ロンドン大学のジェフ・ウイッティ（G. Whitty）とジェンダーについて話をしたことを思い出した（2004年9月）．筆者が日本でジェンダーバッシングがあることを言及したところ，イギリスでもあると述べて，教育研究所のジェンダー研究者を実名で取りあげ批判している新聞記事をみせてくれた．その記事の内容は，女性研究者の「私的生活」のゴシップと研究（理論）の水準を混交させたデマゴギーに近い論調であったのを記憶している．

ジェンダー研究は，これからどこに行くのか．何のためのジェン

ダー研究か．変動する現代社会と教育改革の流れのなかで「同時代に適ったジェンダー研究のパースペクティブ」を創造するためにジェンダー研究は続けていかなければならないのである．

付記　本章は「再びジェンダーについて考える―ジェンダーと教育の可能性を探る」(『明治学院大学教職課程論叢』「人間の発達と教育」創刊号, 2005 年 3 月）の標題を変え, 大幅に加筆と修正をして転載したものである．

引用・参考文献
青木やよひ（1982）『女性・その性の神話』オリジン
天野正子（1988）「『性（ジェンダー）と教育』研究の現代的課題―かくされた『領域』の持続」日本社会学会編『社会学評論』39 巻 3 号
天野正子・木村涼子編（2003）『ジェンダーで学ぶ教育』世界思想社,
伊藤公雄（2003）「バックラッシュの構図」日本女性学会学会誌 11 号編集委員会編『女性学』Vol.11
伊藤裕子（2003）「『女』になる，『男』になる，―ジェンダーの発達心理学」天野正子・木村涼子編, 前掲書
ウィリス，P. 著，熊沢誠他訳（1985）『ハマータウンの野郎ども』筑摩書房
上野千鶴子（1990）『家父長制と資本制』岩波書店
上野千鶴子（1999）「フェミニスト教育学の困難」藤田英典・佐藤学編『教育学年報 7』世織書房
上野千鶴子・小倉千加子（2002）『ザ・フェミニズム』筑摩書房
氏原陽子（1996）「中学校における男女平等と性差別の錯綜」『教育社会学研究』第 58 集
江原由美子（1988）「フェミニズム理論への招待」別冊宝島編『わかりたいあなたのためのフェミニズム入門』JICC 出版
亀田温子（2003）「教育装置のつくりかえ―社会の見る眼を奪い，心理主義化をすすめる教育改革とは」『女性学』前掲書
亀田温子・舘かおる（1987）「学校におけるセクシズムと女性学教育」『講座女性学 4』勁草書房
亀田温子・舘かおる編（2000）『学校をジェンダー・フリーに』明石書店
河野銀子（2014）「教育世界の実態」河野銀子・藤田由美子編著『教育社会とジェンダー』学文社
木村育恵（2014）『学校社会の中のジェンダー―教師達のエスノメソドロジー』

東京学芸大学出版会

木村涼子 (1999)『学校文化とジェンダー』勁草書房

木村涼子 (2005)「ジェンダーの視点からの労働教育の必要性」解放教育研究所編『解放教育』No.446,明治図書

笹原恵『男の子はいつも優先されている?』天野正子・木村涼子編,前掲書

多賀太他 (2000)「『ジェンダーと教育』研究における〈方法意識〉の検討」『久留米大学文学部紀要』人間科学科編,第16号

天童睦子 (2001)「ジェンダーとヘゲモニー支配」柴野昌山編『文化伝達の社会学』世界思想社

東京女性財団 (1995)『あなたのクラスはジェンダー・フリー?』

中西祐子 (1998)『ジェンダー・トラック』東洋館出版社

中西祐子・堀健志 (1997)「『ジェンダーと教育』研究の動向と課題―教育社会学・ジェンダー・フェミニズム」『教育社会学研究』第61集

バーガー,P. L. & H. ケルナー著,森下伸也訳 (1987)『社会学再考』新曜社

橋本紀子・村瀬幸浩他編 (1999)『両性の平等と学校教育』東研出版

日野玲子 (1999)「『ジェンダー論』の授業をつくる」藤田英典・佐藤学編,前掲書

藤田由美子 (2015)『子どものジェンダー構築―幼稚園・保育園のエスノグラフィ』(質的社会研究シリーズ8) ハーベスト社

フレイレ,P. 著,小沢有作・楠原彰他訳 (1979)『被抑圧者の教育学』亜紀書房

森繁男 (1989)「性役割学習としつけ行為」柴野昌山編『しつけの社会学』世界思想社

森繁男 (1992)「『ジェンダーと教育』研究の推移と現況―『女性』から『ジェンダー』へ」『教育社会学研究』第50集

山田昌弘 (1997)「ジェンダー・フリー教育の成果と課題―差別解消とコミュニケーションの活性化をめざして」『教育総研年報'99』国民教育文化総合研究所編集・発行

Francis, Becky (2001) Beyond postmodernism: feminist agency in educational research, ed. by Becky Francis and Christine Skelton, *Investgating Gender*, Contemporary perspectives in education, Open University Press.

Hollingsworth, Sandora (1997) Feminist Praxisas the Basis for Teacher Education: A Critical Challenge, ed. by Catherine Marshall, *Feminist Critical Policy Analysis ①, A Perspective from Primary and Secondary Schooling*, The Falmer Press.

Kenway, Jane and Helen Modra (1992) *Feminist Pedagogy and Emancipatory Possibilities*, ed. by Carmen Luke and Jennifer Gore, Feminism and Critical Pedagogy Routledge.

Mochizuki, Shigenobu (1991) *Gender Issues in Education—An Introduction—*, 『教育学特集 (明治学院論叢)』第 13 号
Stanworth, Michelle (1983) *Gender and Schooling*, Unwin Hyman.
The Open University MA in Education (1987) *Gender and Education Study Guide*, The Open University Press.

〔関連する文献〕
赤川学 (1996)『性への自由／性からの自由』青弓社
伊藤公雄 (1996)『男性学入門』作品社
伊藤公雄 (2008)『新訂ジェンダーの社会学』放送大学教育振興会
岩永雅也・稲垣恭子 (2003)『新訂教育社会学──教育の社会的意味とその変容──』放送大学教育振興会
加藤秀一 (2006)『ジェンダー入門』朝日新聞社
金井淑子 (1997)『女性学挑戦』明石書店
小山静子 (2009)『戦後教育のジェンダー秩序』勁草書房
女性学の再構築・女性学研究会編 (1999)『女性学研究』5 号，勁草書房
多賀太 (2003)「ジェンダー・フリー教育の困難」情報社会学科編『久留米大学文学部紀要』
細谷実 (1994)『性別秩序の世界』マルジュ社

第2章 ジェンダーと教育（社会化）
―ダブルバインドと実践性―

はじめに

　本章の趣旨からジェンダー研究者（筆者）がある大学での「ジェンダー論」の講義後に課した「試験レポート」（2015年度・前期）のテーマを掲げてみよう．

I　次の用語を説明してあなたの私見（コメント）を述べよ．
　　・女子校
　　・ジェンダー・フリー
　　・女らしさと男らしさ
　　・セクシュアリティ
　　・性の商品化
　　・北京宣言（北京会議）
　　・アンペイド・ワーク
　　・フェミニズム
　　・リプロダクティブ・ヘルスライツ
　　・専業主婦
II　次のジェンダー問題のなかから一つを選択してその問題点と社会的背景について論ぜよ．

1) 教科書のなかの性差別（記載・分析）
　　2) Ｍ字型曲線（図示化・国際比較）
　　3) 性同一性障害（障害の根拠・波紋）
　　4) 女性学と男性学のゆくえ（歴史）
Ⅲ　ワークライフ・バランスについて，それが取り上げられる社会的・政治的根拠を述べよ．
Ⅳ　次の用語を使って「私にとってのジェンダー論」を展開しなさい．
　・性別役割　・偏見　・アイデンティティ
　・エンパワーメント　・共生

　ここでは，試験レポートテーマの一部を載せたが，事前にリアクションペーパーによる，レポート作成の練習をしたり，質疑応答をしている．本章では，高等教育におけるジェンダーと教育（実践）を論じることが目的ではない．しかし，上記のテーマは，そこでどんな授業目的・到達目標・学習の内容を立てているのか気になると思われるので以下簡潔に，掲げておく．

　授業の目的：ジェンダーに敏感になること，ジェンダーが提起する諸問題を知り，ジェンダー問題のミクロ（関係論）とマクロ（国の政策，社会的影響，学校組織）から課題発見的に考察する．

　到達目標：ジェンダーに関連する専門語を学ぶことができる．これからの女性と男性の生き方・ライフスタイルを設計できる．身近なジェンダー問題を考えることから解決の糸口をつかむことができる．

　学習の内容：現代社会におけるジェンダー（社会的性別）の存在に気づき，課題を知る．家庭・学校・労働を中心にジェンダー化社

会を学ぶ．らしさ・カリキュラム・家族のジェンダー関係・教師のジェンダー観を学ぶ．女性学と男性学の領域を知り，「自明的世界」を検討する．世界の動向にも目を向ける．

　盛りだくさんのメニューである．半期だけで授業を終えるのはむずかしいかもしれない．受講生の所属する学部・学科の講座設定の理念と，資格獲得（保育士・教員免許取得・看護師資格）のための授業科目なのか，などによって，授業の風景も変わってくる．

　詳細には述べることができないが，受講生は，青年期にあり，ある一定の「ジェンダー観」をもっている．必ずしもジェンダーというコトバを知らなくても，授業の展開によっては興味をもつ学生もいる．学生層を次の五層に分けられそうである．①課題発見型，②気づき型，③懐疑型，④反発型，⑤無関心型（リアクションペーパーによる分析）．

　リアクションペーパーや質疑応答などを通して，このように学生層を分けてみたが，あまり意味がないかもしれない．今後の授業の参考程度である．授業は一言でいえば，錯綜である．つまり，さまざまな考えと批判・納得，ためらいがあり，「自明的世界」の暴露と戸惑いがあり，「余計なお世話」がある．

　そこで次の問いを立ててみる．高等教育において，「ジェンダー社会化」を進めることは可能か，と．一般的に考えて，私たちは「ジェンダーと社会化」からどんなサブテーマや課題領域を考えることができるだろうか．ジェンダー形成，ジェンダーへの社会化，そして「性的社会化」として論じられている．その代表的な領域を以下，簡単に列記してみよう．

　(1) 精神分析論の性別化・ジェンダー役割の獲得 (S. フロイト—S.

Freud)
(2) 社会的学習理論のモデリング，強化，賞罰．(A. バンデューラ—A. Bandura)
(3) 認知発達論のジェンダー・アイデンティティと文化の相互作用 (L. コールバーグ—L. Kohlberg)
(4) ジェンダー・スキーマ理論の情報処理の認知的枠組 (スキーマ) によるジェンダー役割の獲得 (S. ベム— S. Bem,)

これらは，子どものジェンダー社会化論に何らかの示唆を与えるものである．しかし，理論そのものを素直に受け入れることができないことも確認しておく必要がある．

たとえば，精神分析理論では「男女間に優劣の差をつけている」，また，「社会的学習理論」では，子どもを受動的な存在とみなしているという批判がある．バンデューラのモデリングは，モデルの行動だけでなく，環境刺激による子どもを情動的に喚起させることになりかねないことも考えられる．

たしかに両親への同一視や同性モデルの模倣，および子ども自身みずから性自認を行っていくことで，「性的同一性」(gender identity) を得ていく．この性役割の自己社会化において，男子の親への志向性の発達的移行に関して，認知発達理論は明解である．コールバーグは，次のように述べている．やや長い引用だが，以下挙げてみる．

「子供は生後二〜三年目に自分の性およびやることを学習し，三〜四歳までには男子は自分が男の子であることをよく理解し，単に自分自身や自分に親しいもの，似たものが好きだという理由で，『女の子みたいなこと』より『男の子みたいなこと』の方を好むようになる．しかしながらこの時点までは，まだ母親志向が残っている．

男子は男性的な活動を好むようになるにつれ，その活動のモデルを求めるようになる．このようにして男子は母親よりも父親をモデルとして選ぶのである」（コールバーグ 1987：167-168）．

　説得力のある文章である．ジェンダー分化の状況を述べたものであり，ジェンダー・アイデンティティや性的指向など，ジェンダー用語によって説明できる．

　大学の授業で「ジェンダーと社会化」を論じるさいに，関係の見直し，「自明的世界」の対象化，そして視えないものを「見える化」する意義を述べる一方で，リプロダクティブ・ヘルスライツ（性と生殖に関する健康／権利）の話をする．誕生から死にいたるまで一生涯を通じてのトータルな健康を考える．また「性の自己決定」は受講生一人ひとりの聞き方・考え方の自由さにも関わる．選択と自由に権限を介入させないで「自明的世界」の見直しや気づきを考えることは重要であるが，さきの「モデリング」は全体的に考えて有益なことであろうか．モデリングの喪失を考えてみる．

　一人親家庭や親子関係の受容がモデリングの対象にならないということではない．ジェンダー関係の多様性に配慮しておく必要がある．このことを踏まえながら以下，ジェンダーと社会化に関連する諸問題を提起していくが，ジェンダー論（理論）と教育（実践）のダブル・バインド状況を述べることになる．

　つまり，大学の授業で「ジェンダー論」はシラバス通りにはいかない．なぜならば，聞く者にとっては，多様な聞き方があるからである．内省，納得，反発，疑問があることがわかった．上で述べたようにジェンダーと教育について本章で論じるさいに筆者による大学での実践に錯綜や戸惑いがあることを否定しない．実践性即伝達性（コミュニカリビリティ）を言い当てたものでないと実感している．

しかし，授業では受講生たちはそれぞれ「ジェンダーへの社会化」をしていることと考えたいし，ポジティブな意味で「社会化異変」を経験している．

1 性的社会化からジェンダー社会化

さきに性的社会化論のなかの性役割の学習を取り上げた．性役割の学習は，家庭において両親や周囲の側からの意図的，無意図的な働きかけによるものである．そこでは性のインプリンティング（刻印）が日常的に行われるだけではない．携帯やスマートフォンなどモバイル機器もこれに大きく作用している．メディアの内容に潜む「ジェンダー秩序」の研究はかなり進んでいる．たとえば，井上輝子＋女性雑誌研究による『女性雑誌を解読する』（垣内出版，1989）では，アメリカ，メキシコを含めた女性雑誌界の概況と誌面構成の量的分析を女性学の立場から行った．また，諸橋泰樹は，『雑誌文化の中の女性学』（明石書店，1993）で，マス・コミ，ジャーナリズムの批判的・女性学的な検討—性役割イデオロギー分析—を行っている．

藤田由美子は，ジェンダー表象に注目している．テレビ・アニメ番組の物語の展開を分析して，「男の子との関係における女の子の描写には，一定の『女らしさ』に関する表象が析出される」と指摘する（藤田 2014：30）．つまり，物語に登場する強い女の子に「弱さ」や「美への願望」が描かれていること，女の子は，恋愛や結婚に関して，「女らしさ」を表象していると分析した．

藤田由美子の調査分析から，「女らしさ」の表象が「女らしさの規範」（容貌への執着や家庭性の強調）を表わしている，ということが

わかる．では，男の子はどうだろうか．

　男の子は「能動的モデリング」により，ジェンダー役割を体得するという（森 1999）．親の考え方や行動や振るまいが，子どものジェンダー役割に影響を及ぼしている，という．父親が育児・家事に参加する割合の高い家庭にいる2歳児はそうでない2歳児よりもジェンダー役割に関するステレオタイプの学習が遅い，という興味深い指摘がある．2～3歳児がモデリング学習に能動的であるかそうでないかの分岐は，生理・生物学的な特質によるものなのか，社会的なそれによるものなのか，意見が分かれる．

　子どもは，2歳から3歳ごろにかけて自分の性別を理解し始める．また，男か女かの理解も自分だけでなく，他の子どもや大人についてもするようになる．「性同一性」を形成する時点でもうすでにジェンダーを生きているのである．これを「加速的ジェンダー」といって藤田由美子が指摘するように，メディアと子どもとジェンダー関係を読み解くうえで子どもの選択のメカニズムに注目する必要がある．選択する側の子どもの主体とメディアや環境といった「モノ」と，さらにまた主体と主体の相互主体的なジェンダー関係を知ろう．このジェンダー関係をつかむきっかけは何によって可能であろうか．ジェンダー関係の存在に「気づく」ことは，本書のひとつのライトモチーフである．

2　ジェンダー形成のメカニズム

　幼児教育や保育，そして学校教育のフィールドで，「隠れたカリキュラム」が有形無形に子どものジェンダー形成に作用している．子どもは「固定的な意識」を自分の性や他方の性に抱いてしまう日

常的世界とそのメカニズムに社会学的な視点を導入して考えることは重要である.

さて，今までジェンダー形成という言葉を定義しないで用いてきた．それはジェンダー社会化とはどう異なるのか．

社会化は制度的な価値ないし文化のパーソナリティの内面化のことを指すが，ジェンダーと関連づけて考えてみる．そこで社会化の過程で個体の変化を他者との社会関係としてみるか，それとも個体内のことと見るかということである．

社会化は所属する集団に共有されている価値や規範や行動様式を獲得してゆく過程であるから，個体は男女のいわば，階層的，優劣のある秩序を自明化させていくコモンネス（共通性）と「隠れたカリキュラム」が作用している，と考えられる．ただこの共通性と隠れたカリキュラムは，女性学を除いて，すぐ峻拒されるべきか否かは別問題である．

さて，ここでの関心は「ジェンダーへの社会化」である．しばしば引用される次の森繁男の考えを以下，確認しておこう．

「家族にあっては付けられる名前，期待される行動や将来の進路などにあらわれる性別のステレオタイプ的な要素が，また学校にあっては組織構造，教育課程，教科書の描写，進路指導，相互作用などに見受けられる男女の処遇の非対称性がマスメディアによる正当化と相まって『男の子』をつくり分け，動機づけてゆく」(森 1999：284)

森繁男によれば，ジェンダー秩序が主体に転嫁され構成される．ここで注目すべき点はジェンダー秩序の主体化を揺るぎないものに純化させている「日常的世界」であり，この日常的世界こそ「ジェンダー化されたもの」であるという点である．その社会学的考察に

ついて，山岸健の次の指摘は至当である．

「生活するとは，世界を構築すること，アイデンティティを構築することなのであり，生活することは，世界に巻き込まれている私たちが他者たちや自分自身に多様な仕方で働きかけながら，日常生活の場面で相互行為とコミュニケーションをおこなうとともに，世界に対してみずからを関与させていくことなのであって，生活するとは，思考しながら行為すること，意味付与能力をそなえた主体である私たちが，感じたり，理解したり，表現したり，意欲したり，行動したりすることなのである」(山崎 1982：2)．

こうして，社会化をジェンダーの視点からみたばあい，ジェンダーを生活すること，ジェンダーの世界を構築してゆくことだと理解できる．ただ，山岸健が上で述べている「世界に巻き込まれている私たち」と「世界に対してみずからを関与させていく」ことは一種のパラドクスと考えることができる．

ジェンダーは，社会的に創られた性差（意識）であるが，私たちはその創られた世界に巻き込まれている．また他方で，前者が既存の特定の性役割（秩序）や家族モデルや「世間体のジェンダー観」を前提にしているならば，これを否定し撤廃しようとする「ジェンダー・フリー」は，「世界に対してみずからを関与させてゆく」こと，つまり「性別や性役割とセクシュアリティへの自由」を問うことである．

ジェンダー・フリーは「性役割を解体して女らしさ・男らしさ（形成）」にとらわれないことを指すが，日常生活における「自由の問題」は，「性同一性障害」について考えるさいに必ず提起される，「性への自由」と「性からの自由」という問題とつながっていることをここで銘記しておこう．

世界に対してみずからをコミット（関与）させてゆく過程にジェンダー・パースペクティブを置く．そこで「ジェンダー関係」の変革を志向することは可能であろうかと問うてみる．この問いは「ジェンダー化された自己（像）の『再帰的』な組織化に向けて出発してゆこうとする問い」である．ジェンダー秩序とそのメカニズムを読み解いてゆこうとする作業である．

　さきに「性同一性障害」について言及したが，それはジェンダーの社会化を反転する，実感的かつ理論的な認識の問題である，と考えたい．しばしば誤解されることであるが，その営為は，女性・男性という性別や性役割を抹消したり否定したりすることではなく，「女性・男性という境界を維持したまま，それを越境すること」（赤川学）であり，「自らの性別を，自らの意志で選ぶ自由，その選択によって，不利益を被らないこと」（赤川学）なのである．日常生活における「ジェンダー形成」には，こうして，「維持と越境」の問題が存在していることを忘れてはならない．

　さて，ここで男性の被抑圧性（構造）について述べておくことは無駄ではあるまい．多賀太は，男性としての自らの経験から，男性の被抑圧性と男性内の複数性に着目して，女性学とは異なる男性像の形成を描いた（多賀2002）．抑圧なきジェンダーを求めることは自然である．その社会的・歴史的背景については，本章では詳らかにできないが，フェミニズム運動や思想，そしてメンズ・リブが社会に発信した「ジェンダー化社会への異議申し立て」も日常性社会に対する「気づき」でもある．

　ジェンダー化された存在としての男性が「男性による男性の研究」を行うこと，多様で複雑に絡んだ「男性領域」に踏み込んでゆくことは，女性学との対峙としてではない，「男の気づき」なので

ある．

　今日の社会は，ジェンダーの自由と平等を求めるのに多様で多元的な「言説空間」がある．「日常知」「相互作用」「アイデンティティ」「サブ・カルチャー」そして「役割期待・葛藤」「スティグマ」「ラベリング」「再帰性」など，「社会学的知」によるジェンダーの解読は，性別カテゴリーという認識枠組みに囚われていることと，囚われないで生きていくという現実構成を「ジェンダー・チェック」の二分法通りに解釈できないことを知るべきである（ジェンダー・フリーの質問項目をみれば裏に特定の家族観・性役割観・結婚観が約定されていることは一目瞭然であり，「余計なお世話」的な「ジェンダー言説」がデザインされている）．

　また一方で，ジェンダー平等という課題がある．「女」「男」という「性別カテゴリー」に基づいた社会的差別をなくすことをめざすが，そこで「自由と平等」の等価が成り立つかといった近代的な問いが残る．この問いと関わる「ジェンダー形成」の可能性と「性別の超克」について森繁男は次のような指摘をしている．

　「ジェンダーはそれ自体，これまでも一つの社会や文化の形成要件ではあった．しかし，他方では男女の二分法を前提とした権力的な関係性の中に人々を幽閉するものであった」（森 2005：94-95）

　この指摘は根本的な問いであり，さらに以下の課題を導くものである．
　①多様なジェンダー形成から既存のジェンダー秩序の問い直しを迫まることが可能か．
　②男女二分法を撤廃したあとにくる「新たなジェンダー秩序」のある社会はどのような社会か．
　ここで男女共同参画社会基本法（1999年6月施行）の第1章，第2

条の「男女共同参画社会の形成」を想起してみる．

「男女が，社会の対等な構成員として，自らの意思によって社会のあらゆる分野における活動に参画する機会が確保され，もって男女が均等に政治的，経済的，社会的及び文化的利益を享受することができ，かつ，共に責任を担うべき社会を形成すること」

そうした社会の実現のために，男女の人権が尊重されることはいうまでもない．第3次男女共同参画基本計画（2010年）でめざすべきは，固定的な性別役割分担意識をなくした男女平等の社会，男女の人権が尊重され，尊厳をもって個人が生きることのできる社会，そして男女が個性と能力を発揮することによる，多様性に富んだ活力ある社会と男女共同参画に関して国際的な評価が得られる社会，といった基本方針を確認できる．

だが，この社会の構想について手放しで首肯できるものではない．つまり，男女共同参画社会では，「特定の家族モデル」に依拠する社会ではないかという批判もある（赤川学）．この社会の実現が少子化対策にとって有効であるといった言説に難問の余地が残るとする問題意識は重要である．子どものいない，パートナーをもたないで生きている人たち，異性愛ではない選択をする人，こうした人たちがどういう生活形態や家族形態を選択しようとも，男女共同参画社会で不利益を被らない，という見通しが立てられていないと真の意味での参画にはならない．

このことと関連して，社会化のエージェントとしての家庭や職場におけるジェンダー関係は，それぞれの「ヘゲモニー」を担う人が社会化過程を通して獲得した「性アイデンティティ」に基づいて生きる，という現実を無視できない．

表向きでは，生物学的性にかかわりなく，役割の策定とそれに応

え得る役割布置と裁定がセットされる社会である．社会を推進させる「役割期待」と遂行に「性自認」つまり，「らしさ」が強力な装置として作用する．そして，社会化過程で男の子にいろいろと要求と期待がもたれるのは「らしさ」に優越性があるからであり，「ジェンダー・ア・プリオリ」の言説空間が活用されるからである．

ところで，このジェンダー・ア・プリオリという抽象的なジェンダー概念が子どものなかで具体的なかたちをとるようになるきっかけは何であろうか．ボーヴォワールは，「第二の性」—女性はこうしてつくられる—」でこう述べている(1)．

「男の子は自分の無感覚な小さな性器にたいして誇らしさを感じるのは，自発的にではなくて，周囲の態度をとおしてである」

ボーヴォワールは「ペニスのうちに化身している（優越性を）」点に注目する．男の子が自らの性器のうちに自己の優越感と誇らしさの主張を具現化できるのは，主に父親の語りと「仕掛け」にある．男の子がしゃがんで小便をしていたのを父親が見て，その子どもを便所に引っ張って行って「さあ，これから男のやりかたを教えてやろう」と言う．子どもはそれ以後，立って小便をするのが自慢となったのである．

他方で，女の子のジェンダーの宿命は異なる．ボーヴォワールは次のように指摘していて興味深い．

「母親や乳母たちは，女の子の生殖器にたいして崇敬の念も愛情もいだかない．（中略）手でつかむことのできないこの隠れた器官に女の子の注意を向けようとはしない．（中略）彼女の肉体は明らかに彼女にとって一つの完全体である．しかし彼女は，自分で男の子とは違ったふうに世界に置かれているのを見出す」（「性役割」『現代のエスプリ』No.174より）．

ここで，女の子の眼には，男の子との違いから，劣等感に変わっていくと予想できる．男の子との相違だけでない．「らしさ」やその他の要因，つまり同性の親をモデルとしてアイデンティティを獲得していくこと，これらに，強化・賞罰が加わる．それによって，男女それぞれの適切な行動（ジェンダー秩序）を取り入れるようになる．

　ジェンダー役割の発達に作用する要因を述べてきた．その他の要因として，テレビ・インターネット・絵本・アニメなどがあげられる．これらのメディア（商品）にジェンダー構成を読み解くパースペクティブを検討しよう（たとえば，性別役割（分業）のほかに，性の商品化，ジェンダー・ステレオタイプ，セクシュアリティ，セクシャル・オリエンテーションなどをレンズにして考えて欲しい）．

3　隠れたカリキュラムの功罪と課題

　隠れたカリキュラムについて，すでに述べた．ここで，隠れたカリキュラムに「功」の側面があるのを確認しよう．それは社会のなかで，望ましいとされる価値観や人びとに期待される行為の社会規範が反映されることにある．そして，その社会のなかで「望ましい」とされる「望ましさ」とは何か，という点に注目しよう．ジェンダーと隠れたカリキュラムについて今まで言及されてきたのは「罪」の側面であった．対の概念である顕在的カリキュラムとして公式に認められ，学校（制度）や教室の授業実践を規定している学習指導要領と各教科から教師の発言，板書，また，教師の教材解釈までも含めた，「望ましさ」を規準としたひとつの「共生体」である．この共生体のなかに「男女差」に基づく，セクシズム，性別役割の固定

を読みとる．しかし，公式で，眼に見えるもの（「体」という）のなかに「隠れている」と誰に認定するのだろうか．

　たとえば，教室の授業で教師がこう発言したとする．「男の子はこうしてみて」「女の子はそのようにして」という．このことから「性別カテゴリー」を生徒が学んでしまうという．しかし，生徒が性別カテゴリーを学習することが即性差別を学習していると断定できるだろうか．このように問う理由に，性別カテゴリーを用いないで授業をすることによって，かえって子どもたちの間に混乱が生じてしまうことがある，ということも予想されるからである．

　性別カテゴリーだけでなく，およそ，ジェンダー秩序を維持したことで差別や偏見，そして，不自由，不利益などを被る現実を一人ひとりがどのように実感しているのだろうか，という疑問があるのである．ジェンダー分化から差別へ，という「公顕」と「公正」のあいだに「ジェンダー構造感覚」をもった「主体」を位置づけるべきではないか．しかもその主体は，白紙の主体ではない，むしろ「ジェンダー化された『主体』」であるかもしれない．いま，ここで「あるかもしれない」という言葉を使ったのは，主体自身が「ジェンダーを生きていない」「ジェンダーとは無関係」と言明する『主体』を想像できるからである．

　このことから言えるのは，ジェンダーに敏感であるとか敏感になるということは決定的ではない，という考えも成り立つということである．今まで，ジェンダーに敏感に「ある」ことと「なる」こと，そして「〜べき」という分岐点に厳密な議論が行われてこなかったのではないだろうか．

　隠れたカリキュラムとジェンダーについてもうひとつある．学校は，社会全体のジェンダー構造を再生産する場である，と指摘され

る．学校という近代的制度が公権力を背景にジェンダーにかかわる規範への「同調行動と圧力」があり，学校に特有な「トラッキング」があることも指摘された．つまり，学校内部のトラッキング・システムが，全体社会の階層構造とも対応した社会的なトラッキング・システムとして機能すると中西祐子は分析している（中西1998）．トラッキングは進路分化メカニズムであるが，性役割観の内面化プロセスを媒介とした進路分化が作用しているとき，ジェンダー・トラックと中西祐子は明示している．そして，ジェンダー・トラックに基づいた独自の進路「水路づけ効果」について実証したことはきわめて新鮮なことであった．

　ジェンダー・トラック概念がジェンダー研究に登場して15年以上経つが，中西祐子自身も示唆していることであるが，ジェンダー・トラックを規定する〈母―娘〉関係と「労働市場の分断化」と市場からの対策（WLB）などについて，近代家族の解体とジェンダーの漂流についての研究（実証）が課題となっていると思われる．

　学校内組織のなかでの「再生産論」について，「社会のジェンダー構造が強化され，再生産される」という指摘（中西2013：94-95）を詳細に検討する必要がある．つまり，学校における生徒の「主体性」「アイデンティティ問題」とジェンダーを考えるときジェンダー研究の理論枠組みで果たして「問題」を読み解くことが可能かという問い自体を留保することである．

　ジェンダー関係は，関係主体を抽象的・真空の中に存在するものではない「実体」であり，かつ「意味・構成」である．ジェンダーに基づく現実的な関係（実体）であるが，その「意味・構成」を実体へと還元できない，という考えである．

　隠れたカリキュラムとジェンダー・トラックについて言及してき

たが，ジェンダー関係の位置づけが曖昧であれば，「自由」「選択」「自立」の問題が顕在化しないのではないかと考えているのである．ジェンダー・フリーやジェンダー・チェックや「女性内分化と女性間『格差』(女・女格差)」は，家族モデルの正統性があり，二者択一的な質問による数量化は，ジェンダー関係を実体化したものであり，関係の構造を読めなくさせているし，女性内分化でも「女性の現実構成」—主観的な意味付与と客観的現実とのせめぎあい—が視えない．

天野正子は，かつて上野千鶴子の「女性学の制度化をめぐって」で提起された問題群，を取り上げて，活発な議論を期待していた．問題群とは以下である（天野ほか 2009）．

1) 専門知と日常知の乖離
2) 理論化と運動実践の分離の問題
3) 女性学を志す動機づけと経験の世代的な格差の問題

天野正子は，活発な議論による上記の問題解決を志していた．つまり，フェミニズムに一つの正解とか到達点というものはない，意見の衝突を恐れずにつねに論争を活性化していくことを推奨したと思われる．

4 「ジェンダーと教育」の課題—まとめ

「ジェンダーと教育」の問題は，日本の学校教育の現実（現場）からジェンダーと学校分化の実証的研究を行った木村涼子の研究が先駆である．木村涼子は，ジェンダー再生産と学校文化における平等とセクシズムの葛藤とかくれたカリキュラムの実態を明らかにし，教室におけるジェンダー形成を論究した（木村 1999）．

ジェンダーと教育研究とその方法は，教育に関わる現場との交流（フィールドワーク）から始めて，現場の教員の教職研修や行政との関係構造などが明らかにされ，ジェンダー問題の複合体が提起された．その一方で，ジェンダーと教育（問題）は，女性解放の途を拓くものであるか，と問うたときひとすじなわにいかない．なぜならば，生物学的な性を意味するセックスとジェンダーとの「差異」に気づき，二分法それ自体を問題にして行けば，「気づきの共有」に至るまでいくつかのハードルがあることがわかるからである．

　たとえば，学校教育が性差別の再生産に果たす「隠れたカリキュラム」（罪の側面）を問題にすることで学校教育の批判は可能かもしれない．また，ジェンダーと社会化の問題設定を取り上げたさいに，「教師が意図せざる結果として性差別を再生産している」と仮説を導いたとしても，社会化エージェンシーである「担い手」と「受け手」の二分に集約され得ない．担い手／受け手の側のジェンダー関係と社会構造の「解釈過程」は「批判」や「仮説」のなかに担保されているだろうか．

　笹原恵は，ジェンダー研究の基本と思われる指摘をしている．

　「（前略）教員の現在の平等観やジェンダー意識にとどまらず，それがこれからどのように変わりうるのか，それがどれほど子どもたちの働きかけに反映されうるのかという芽を，どこに見い出すかを分析しておくこと」（笹原 1999：200）．

　そして，ジェンダーの社会を考えるさいに，労働市場や結婚市場という 2 つの「市場」における学歴の意味を指摘するが，より細やかな分析をそこから求めることができる．たとえば，女子に期待される「らしさ」や性役割観が女子の進学に向けてではなく，異性からの評価を獲得しようとするもので，かえって男性の判断を結果と

して優先させることになるという言説があるとする．

その言説から，恋愛における男女不平等を導かれる．笹原は，次のように述べる．「結婚市場に向けての社会化の側面を色濃く反映している」ということ，そして笹原は，「労働市場に男子が『成功』し，女子は労働市場と結婚市場で自らの位置のバランスを学ばなければならない」と述べた（同上：206-207）ことは重要である．

この認識の前提を「私領域」，「公領域」，「M字型曲線」，そして「ポジティブ・アクション」という用語（テクニカル・タームズ）で説明できなくはない．

たとえば，ポジティブ・アクションは，不平等な処遇を解消するためにとられる積極的な是正措置であるが，不平等の処遇を持続させかねない「昇進意欲のジェンダー格差」をどう考えたらよいだろうか．意欲に「ジェンダー格差」が存在することは否定できない．人によっては，人並みか，人並みより少し上の平穏な職業人生を送りたい人もいるだろう．男性の場合，課長（止まりでいい）であったり，女性の場合，役割を伴わない正規労働者であったりする．こうした，「ジェンダー・ポジショナリティ」がジェンダー格差を冗長させている，格差解消の「妨げ」になっていると断言したり，糾弾できるか検討の余地があると思われる．

これに関して，川口章の指摘は興味深いものがある．次のような指摘をどのように解釈したらよいだろうか．

「性別統計情報を利用した差別がはたして糾弾されるべき差別かどうかは議論の分かれるところである．実際，このような女性差別が放置されているのは，それを差別と感じないか，少なくとも目くじらを立てるほどの問題ではないと考えている人が多いからである．性別に基づく採用が女性差別であることは明らかであるが，法律で

は差別が立証できないように曖昧な表現が用いられている」(川口 2013：186)

ここで川口章は，男女雇用機会均等法を引用する．

「第5条　事業主は，労働者の募集及び採用について，その性別にかかわりなく均等な機会を与えなければならない」

この文言で「均等な機会」に注目しなければならない．川口章が指摘しているように．女性〜人募集，男性〜人募集と明記すれば法律違反ではない．「均等な機会」という言葉は「お守り言葉の使用法」であって，機会の平等が確約されていれば結果往来である．「ジェンダー言説」の両義性と権力性についての研究は，検討課題であろう．

ジェンダー問題を個人性の次元に取り込んでしまう事態はよくあることである．「デートの『おごり』は男性，車の運転は男性で助手席は女性，『女らしさ』の強調によって女性を恋愛から結婚へ，そして結婚から家庭へと導くための予行演習になっている」(森永ほか 2003)など．

上の言説こそ「余計なお世話」「お互いが納得し合っていればそれでいい」という．女性はジェンダーによる固定した役割分担に多かれ少なかれ支配されていると言おうものなら，「ジェンダーに違和感を抱いてしまう」という言葉が返ってくる．

さて，「ジェンダーと教育」の研究に，さまざまなテーマがあるが，それを論じる視点は明快ではない．しかし，ジェンダーの視点が求められるきっかけとして，「女性」と「男性」という二分法と両者の関係性がいかに構築されるかをまず問い，それが日常世界においていかに機能するか，を考えることが基本のように思われる．[2]

発達や社会化，学習，カリキュラム，教師の教授方法，そして学

校組織といった「教育学的思考」にジェンダーの視点を入れる．デシプリンとして，ジェンダー学と教育学の領域ということができるかもしれないが，すでに指摘したように，ジェンダー学や女性学は，ある意味で問題解決を志向する「ゾレン性」（あるべき是正をめざす）や「レジスタンス理論」の側面を否定できない．ジェンダーからフェミニズムへ，という研究のシフトは「理論と実践」の問題を提起する点を確認しよう．ジェンダーについてこれから考えようとするとき，この問題を避けては通れない．

　木村涼子は，「ジェンダーと教育」研究が教育に関わる「現場」とのつながりや，ジェンダーと教育に関わる運動のとのつながりを指摘している．木村涼子は，次のように述べている．

　「『ジェンダーと教育』研究は，つねにフェミニズム運動からの影響を受けている」(木村1999：18)

　この指摘は，「ジェンダーと教育」を学び，ジェンダーを生きようとす人にどのようなインパクト（知的・実践的影響）を与え得るものだろうか．フェミニスト教育学の教育実践の問いかけに「教師研修におけるジェンダー・センシティブ」を掲げ，教師自身のジェンダー観の構築を唱導する．他方で，公教育のなかでのジェンダー教育の困難をどう乗り越えていくかが課題として残っている．この課題に取り組むうえで以下の論稿を手にすることを勧めたい(3)．

1）舘かおる「学校におけるジェンダー・フリー教育と女性学」—男女平等教育とジェンダー・フリー教育推進の背景の中で「政策的課題認識」に注目する．1998年までにだが，国政レベルの取り組みが整理されている．また，教師たちの意識化・研究からの概念提起からこれからの研究課題を確認できる．ただ，舘かおるの論稿は，女性学の立場からのものである．

2) 賀谷恵美子「男女共学の内実と男女平等教育―公立高校の現場から―」―ジェンダーの視点とジェンダーに敏感であることの意味がわかる論文である．つまり，ジェンダー意識の変革の必要性を訴える．現場教員からの実践報告は具体的である．

3) 金井淑子「女性学の『周辺』からの『女性学』再考―日本の女性学の次なるステージへ―』―金井淑子自身のライフスタイルから大学における女性学教育の実践報告を行っていて説得力をもった論稿である．とくに女性学の実践の「位置性」「地域性」へのこだわりはユニークであり，地方での女性問題の表出が重層的かつ複雑な要素をもっているという指摘はジェンダー研究に欠かせない問題である．近代が女性にとって「両義的であること」，「都市型」女性学を複眼化する「対抗的普遍性」の視点の提示は，漂流しているジェンダーの波止めになるかもしれない．本論と通底する次の金井淑子の指摘に注目したい．「『ジェンダーの視点』が『女性学はフェミニストが教える』という命題とともに教条主義的に受け止められるならば，硬直したイデオロギッシュな視点の押し売りとなってかえって反発を招きかねない」そして次の問題提起は「ジェンダーと教育」の教育実践における「ダブル・バインド」から逃れない姿勢として首肯できる．「女性学教育で一番問われてくるのは，教える側が一つの場面で向き合う対象とそのつどの教育実践そのものであって，そこに成り立つ共感・交歓関係（それはけっして教師と同じ見方や考え方の共有を目的とするものではなく，おもしい，そうか，いやおかしい，なぜなのか，といったさまざまな感情のどよめきのようなもの）を作り出すことのほうにこそ意味があるのではないか」

女性学教育に限らず，ジェンダーと教育（実践）においても「さまざまな感情のどよめきのようなもの」を筆者（望月）は教室で実

感している.

　ジェンダーと社会化とジェンダー形成の問題を中心に本論で述べてきた．筆者は長い間大学で「ジェンダー論」や「性と文化」の授業を行なってきた．その講座の内容は，ジェンダー学や，ジェンダー研究，また，「ジェンダーと教育」というタイトルのもとでさまざまなサブ・テーマをもったもののなかから選択したものである．

　本論で，「ジェンダーと教育」の研究内容とジェンダー研究の領域研究というよりむしろ，「ジェンダーと教育」の教育（実践）にかわる基礎と方法・課題を筆者の経験に基づいて述べた．筆者による第1回の講義のポイント（ねらい）と方法意識を以下，掲げて終えたい．

〔ねらい〕
・「性の自己決定」は自分自身の納得で行う．
・ジェンダーはフェミニズムとは異なる.
・講座をとおして自明のジェンダー構成とジェンダー関係を考える
・ジェンダーをレンズにして「多様な性現象」に注目する．
・ジェンダー研究のターミノロジー／専門用語を確認して，自分自身の在り方，生き方を考えるいい機会と思って参加して欲しい．

〔方法意識〕
・演繹的 ↔ 帰納的の双方的思考を援用する．
・ジェンダー研究の「認識枠組み」と現実構成の関連・ジェンダーギャップを考える．
・性と性別が単純に女／男の二分法に分類できない「性的指向」のパースペクティブに止目する．
・女性学＝周辺化にある存在と男性支配によって隠蔽されてきたことがらを対象化する方法を模索する．

- 男性学＝「男性」というジェンダーに縛られた性に焦点を絞り，ジェンダー関係（たとえば，ヘゲモニック・マスキュリニティ）に注目する．
- 性現象が社会の仕組み・文化・歴史によって規定されている構造を知る方法を確認する．

注
(1) 袖井孝子編集・解説 (1982)『性役割，現代のエスプリ』No.174，至文堂，生島遼一訳「女性はこうしてつくられる」149頁
(2) 広田照幸監修，木村涼子編著 (2009)『リーディングス日本の教育と社会 16 ジェンダーと教育』p.iv, 日本図書センター．本書は，次の2著刊行後のもので，日本におけるジェンダー研究―「ジェンダーと教育」の水準（パラダイム）を表したもの．比較対照によるパラダイムの制度化をここでは評価できないが検討課題である．・Ed. by M. Arnot, M. M. Ghaill (2006) *The Routledge Falmer Reader in Gender and Education*, Routledge. Ed.by C. Skelton, B. Francis, L. Smulyan (2006) *The SAGE Handbook of Gender and Education*, SAGE Publications.
(3) 3点の論稿はいずれも以下に所収．日本女性学会 (1998)『女性学』vol.6, 新水社

引用・参考文献
天野正子・伊藤公雄・伊藤るり・井上輝子・上野千鶴子ほか編集 (2009)『新編日本のフェミニズム 8 ジェンダーと教育』岩波書店
川口章 (2013)『日本のジェンダーを考える』有斐閣
木村涼子 (1999)『学校文化とジェンダー』勁草書房
コールバーグ，L.著，永野重史監訳 (1987)『道徳性の形成―認知発達論的アプローチ』新曜社
笹原恵 (1999)「ジェンダーの『社会化』―『適応』と『葛藤』のはざまから」鎌田とし子・矢澤澄子ほか編『講座社会学 14 ジェンダー』東京大学出版会
多賀太 (2002)『男性学・男性研究の諸潮流』日本ジェンダー研究
中西祐子 (1998)『ジェンダー・トラック』東洋館出版

中西祐子 (2013)「第 4 章　教育とジェンダー」千田有紀・中西祐子・青山薫著『ジェンダー論をつかむ』有斐閣
藤田由美子 (2014)「第 2 章　メディアと子ども」河野銀子・藤田由美子編著『教育社会とジェンダー』学文社
森繁男 (1999)「ジェンダーへの社会化」江川玟成・高橋勝・葉養正明・望月重信編著『最新教育キーワード 137〔第 8 版〕』時事通信社
森繁男 (2005)「ジェンダー形成」江川玟成・高橋勝・葉養正明・望月重信編著『最新教育キーワード 137〔第 11 版〕』時事通信社
森永康子・神戸女学院大学ジェンダー研究会編 (2003)『はじめてのジェンダー・スタディーズ』北大路書房
山岸健 (1982)「実存する人間」山岸健・平野敏政他編著『生活の学としての社会学―人間・社会・文化』統合労働研究所

関連する文献

赤川学「ジェンダー・フリーをめぐる一考察」『大航海』No.43，新書館
天野正子・伊藤公雄ほか編集委員 (2009)『新編　日本のフェミニズム 8　ジェンダーと教育』岩波書店
生田久美子編著 (2011)『男女共学・別学を問いなおす―新しい議論のステージへ―』東洋館出版
小川真知子・森陽子編著，日本女性学研究会「学校と女性学」分科会企画 (1998)『実践ジェンダー・フリー教育（フェミニズムを学校に）』明石書店
亀田温子・舘かおる (2000)『学校をジェンダー・フリーに』明石書店
木村涼子・古久保さくら (2008)『ジェンダーで考える教育の現在―フェミニズムの教育学をめざして』解放出版社
河野銀子・藤田由美子編著 (2014)『教育社会とジェンダー』学文社
ジェイン・ピルチャーほか著，片山亜紀訳者代表 (2009) 金井淑子解説『キーコンセプト　ジェンダー・スタディーズ』新曜社
ハンネクーレ・ファウルシュティッヒ＝ヴィーラント著，池谷壽夫監訳 (2004)『ジェンダーと教育―男女別学・共学論争を超えて』青木書店

第3章 家族と福祉

はじめに

　みなさんは，あらためて家族とは何か考えたことがあるだろうか．家族（定位家族）のなかに生まれ育ち，成人した後に自分の生まれ育った家族を離れ，新たな家族（生殖家族）を形成していくことを，取り立てて考える必要もないごく普通のいとなみと思ってはいないだろうか．

　家族を形成するということは，多くの場合，生活の場や家計をともにすることを意味するとともに，生活基盤を維持するための掃除洗濯，食事の支度，後片づけなど短期的な労働力の再生産や，場合によっては子どもを産み育てるという中長期的な労働力の再生産等を家族構成員で担っていくことを意味する．

　しかし，日本における現在の家族形態をみると，単独世帯や夫婦のみ世帯が増加しており，両者をあわせると全世帯の約半分を占め，夫婦と未婚の子のみのいわゆる核家族は減少し，全世帯の3割弱を占めるに過ぎない．50歳時の未婚率を表す生涯未婚率は，2010年には，男性は20.14％（5人に1人），女性は10.61％（10人に1人）にまでなり，1990年以降上昇が続いている．このように家族の形態や家族形成（結婚）事情は多様化しており，家族の変化は地縁・

血縁関係の希薄化ともあいまって，かつては家族に求められていた育児や介護を担うことが現実的に困難な場合も多く，社会保障や社会福祉の必要性が高まっている．

本章では，生活上なんらかのケアを必要とする人への支援において，家族がどのように位置づけられてきたのか，また，今後の家族と福祉の関係をどのように構築していけば良いのかについて検討したい．

1 家族と家族の福祉的機能をめぐって

家族とは何であろうか．家族が歴史的にもあらゆる社会に見られるものであるかどうかは，家族研究者にとって大きな関心のひとつであった．しかし，現在は，家族はそれぞれの時代の社会経済状況や法制度，文化，宗教，暮らし方などに大きく規定され，多様であり，ひとつの基準としての家族を定義することはできないと考えられるようになっている．

このような見解に至るまでに，これまで多くの研究者が「家族とは何か」という問いに答えようと悪戦苦闘してきた．何をもって家族を定義するのかについては，居住の共同，夫婦・親子・きょうだいなど親族集団であること，成員相互の深い感情的かかわりあい，基本的機能をもつことなどがあげられてきた．たとえば，マードック（G. P. Murdock）は，夫婦と子どもからなる核家族を，どの社会にも普遍的に存在する集団であり，性，生殖，経済，教育という人間の社会生活にとって基本的な4つの機能を担うと論じ，とくに「核家族普遍説」は長い間広く支持された．他にも基本的機能については，「子どもの社会化と成人のパーソナリティの安定化」

(T. パーソンズ),「感情融合」(戸田貞三),「人間の再生産 (生殖と子供の養育, 労働力の再生産, 人間性回復)」(青井和夫),「一次的福祉」(森岡清美) などがあげられる.

　このようにさまざまな方法で家族の構造や機能を客観的に把握しようとしても, 家族を普遍的なものとしてとらえることは難しい. それは, 今日の家族を具体的にイメージするとわかりやすい. たとえば, 単身赴任をしている夫と妻・子どもは, 日常は違う場で生活しているが, お互いを家族と考える. ほかにも, 両親が離婚し母親と生活している場合, 子どもは父親を家族と考えるが母は子どもの父 (前夫) を家族とはみなさない場合もあるだろう. このように家族は客観的にはとらえきれず,「私にとって誰が家族か」という主観的な理解が必要とされるようになっていった. これは, 1980 年代後半から展開された「家族の個人化論」や「ライフスタイルとしての家族」に通底するが, 家族の多様化という形で家族規範の弱体化が進んだことの反映とみられ, 現在では「選択可能なものとしての家族」という面が強調されている.

　この家族のとらえ方の変化を家族と福祉の関係に敷衍してみると, 社会 (国家) から期待される福祉機能を果たすものとして家族をとらえるのではなく, 家族構成員個人の福祉ニーズから家族全体をとらえるという変化とみることができるだろう.

　一方で, 制度としての家族という側面がある. それは法や制度・政策が規定する家族である. 社会にとっての家族は, 社会システムの維持という観点から問われるが, 家族成員間で扶養・援助することが法や政策という形で求められてきたという側面がある. そして, 次節で詳細に論じるが, そのようなケアを担う家族をジェンダーの視点から見た時に,「福祉国家のプログラムや福祉政策が『一定の

家族モデル』を前提として組み立てられ,それを固定化し促進する機能を果たしている」(杉本 2012:11)ことが指摘された.「一定の家族モデル」とは,いわゆる男性が職業について賃金を稼ぎ,女性が経済的に男性に依存し,家事・育児を担う家族のことである.

このような家族は高度経済成長期に一般的となったが,少子高齢化や社会経済状況の変化にともない家族形態の小規模化,共働きの増加,地域関係の希薄化などにより,子育てや高齢者のケアは家族内だけでは遂行できず,福祉サービスの利用なしには難しい実態がある.まさに先に述べた家族構成員個々の福祉ニーズから家族全体をとらえる必要性が生じてきているのである.

2 家族内での女性の福祉機能の強調

家族はその形態も機能も,家族に対する意識も,社会経済状況等の影響をうけ変容する.しかし,子育てについては,これだけ家族の変化や生殖技術が発展しても,保護者(主に親)は,個別の家族のなかで子どもを産み育てている.「再生産の制度としての『家族』の意義は,今日に至るまで減じていない」(上野 2009:15)のである.そこで,以下では主に子育てに着目して家族と福祉の関係性について述べていくこととする.

こんにちほど子育てが大変な時代はないといわれる.1950 年代頃まで日本の子育ては,家ぐるみ地域ぐるみで行われていたため,この言葉は,現代ほど子育てを家族(主に母親)のみで担っている時代はないということを意味する.

1950 年代頃まで,とくに農繁期の忙しい時期には,小学生の子どもが小さい子どもをおんぶして子守りをしたり,学校よりも家の

手伝いを優先することはごく一般的であった．また，現在では死語になりつつあるが，生まれてきた子どもの名前をつけてくれる「名付け親」や，乳を飲ませてくれる「乳付け親」など，擬制的な親子関係やきょうだい関係を作り，地域のなかで子どもを見守るしくみがあった．また，子どもたちは異年齢の地域の子ども集団のなかで育ち，今のように親が子どもにかかりきりということはなかった．[3]

しかしその後，高度経済成長期という社会経済状況の大きな変化のなかで，子育ての担い手と母親が一体化されていった．日本において「母親1人が子育てにあたる必要性が強調されはじめたのは，大正時代に入ってから」（大日向 1999：155）だといわれている．この時期は，第一次世界大戦による好況期で，これまでとは違い職住分離で働く勤労者家族が増え，「男は仕事，女は家庭」という性別役割分業体制を基本とし家庭が営まれるようになった．そしてこの形（サラリーマンと専業主婦）が一般化したのが1950年代半ばから1960年代の高度経済成長期である．

上野千鶴子（1982：236）は，「『男は仕事，女は家庭』という性別役割分担規範は，資本主義と家父長制の妥協の産物であり，封建道徳どころか，きわめて近代主義的なイデオロギー」であり，「産業化による職住分離とそれにともなう公私の分離がなければ，性別役割分担自体はなりたたない」と述べるが，時代の流れはこの性別役割分担を一般庶民に強く内面化させる方向へと進んでいったのである．

このような性別役割分業体制を基本とする家族―サラリーマンの夫と専業主婦の妻，そして2人ほどの子どもからなる家族―は，「家族モデル」として扱われ，「標準家族」と呼ばれてきた．しかし，これは普遍的な家族ではなく，「歴史的存在に固有の特徴」（落

合 1994：103）であり，「近代家族」という家族の一形態にすぎないことが家族の社会史的研究から明らかにされている．

また，男性が企業戦士として働くことが求められた高度経済成長期は，労働力不足が深刻であり，とくに1960年代の労働政策は，主婦をパートタイマーとして積極的に活用する方針をとっている[4]．一方で，中央児童福祉審議会保育制度特別部会中間報告(1963)「保育問題をこう考える」では，母親としての義務が強調されている．すなわち，高度経済成長期における労働力不足下で，主婦の労働力は活用するが，就労は家庭保育の妨げにならない程度のパートタイマーを念頭において，家事と就労の両立が主婦に求められたのである．

これらは，この時期の政府が「所得倍増計画」を押し進め，その実現のために当時の内閣が「人づくり政策」「国づくり政策」を掲げ，学校や家庭は高度成長に必要な人材をつくるところと位置づけられたこと等が背景にある[5]．1966（昭和41）年，中央教育審議会による「後期中等教育の拡充整備についての答申」と合わせて提出された「期待される人間像」には，「第2部 日本人にとくに期待されるもの」として，「家庭を愛の場とすること」「家庭をいこいの場とすること」「家庭を教育の場とすること」等が述べられている．当時の時代状況を考えれば，このような場づくりの主体は，先に述べた「保育問題をこう考える」と同様に実質的には母親に割り当てられていたと考えられる[6]．

女性に対する主婦役割，母親役割の強調はさらに続いた．高度経済成長期が終わり低成長期に入ると，日本型福祉社会論により「日本的な家族愛のすばらしさ」が政府によって強調され，高齢者の介護と子どもの保育責任を家庭内の女性役割とする政策が打ち出された[7]．

堀勝洋（1981：38）は，日本型福祉社会論の要点として1979年に出された自由民主党の政策研究叢書『日本型福祉社会』から次の7点を抽出し，これにより「小さな政府」の方向性が示されたことを指摘している．①欧米型福祉国家（高福祉高負担）の否定，②自助努力の重視，③家庭による福祉の重視，④地域社会における相互扶助の重視，⑤企業福祉の重視，⑥民間の活力および市場システムの重視，⑦社会保障施策は自助努力や家庭福祉等が機能しない場合の補完．つまり，「『個人の生活を支えるに足る安定した家庭と企業を前提として』，それを市場から購入できる各種の福祉によって補完し，国家は最終的な保障のみを提供する」（大澤1993：205）というものが日本型福祉社会であり，家族を「福祉の含み資産」と積極的に評価し，国民の福祉を考えるうえで家族による福祉はきわめて重要であると位置づけ，その家族による福祉の充実をねらいとした「家庭基盤の充実」という方向性が中核的な考え方となっている．家庭基盤を充実させる担い手は主婦そして母である女性が想定され，「家庭基盤の充実」政策は，家族優遇措置に反映された．たとえば，「各企業による配偶者手当（家族手当）」「所得税，住民税等における配偶者控除」「年金の第3号被保険者制度[8]」などがある．このような「制度としての家族」は，性別役割分業を基盤とし，高度経済成長期からこんにちまでほとんど変わらずに維持されているとともに，「家族モデル」から外れる家族がこれらの制度の恩恵を受けることができない状況を作ってきた．

　野々山久也（1992：8）は，日本型福祉社会構想について，「現実に存在してきている多様な家族のライフスタイルのあり方をそのまま受け入れるというよりは，むしろそれらを完全に無視して，日本型福祉社会の構想による画一的な家族モデルの一方的な強要になっ

てしまっている」と述べ，日本が超高齢化社会に向かおうとしている折に，高齢者の福祉問題を家族主義的イデオロギーへの郷愁のもとに，その復活を期待し，さまざまな問題解決を個々の家族に依存し「安上がり」福祉を志向しようとする福祉施策が展開されようとしているとしており，主として女性たちに犠牲を強いるものにほかならないと指摘する．

3　子育て家族の困難

先にみたように，一定の家族モデルを前提とし，子育てや介護を女性の役割とする政策がとられてきたが，現実の子育てには，家族規模の縮小や，地域関係の希薄化を背景にして，孤立した生活環境のなかで母親1人が子育てを一身に担うという現実があり，その困

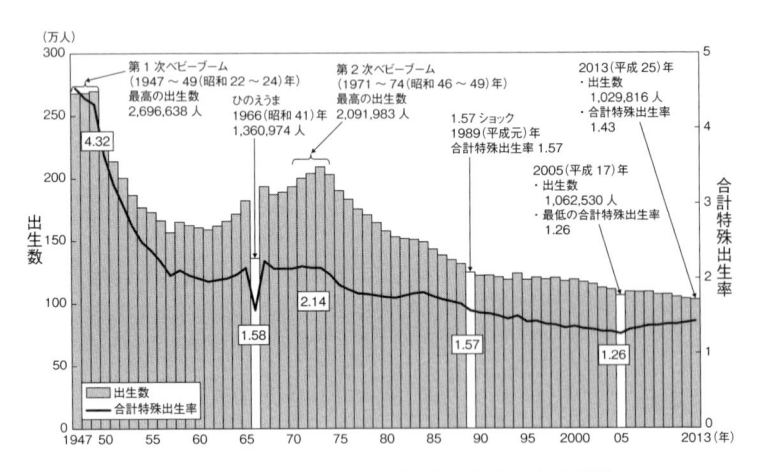

図 3-1　出生数および合計特殊出生率の年次推移

(資料) 厚生労働省「人口動態統計」
(出所) 内閣府『平成 27 年版　少子化社会対策白書』p.4

難が認識されるようになった．1989年には合計特殊出生率が戦後最低となった「1.57ショック」による少子高齢化も顕在化し（図3-1），1990年代以降になると，調査研究により子育て不安の実態等が取り上げられた．児童虐待については悲惨な事件がマスコミ等で数多くとりあげられ，社会問題として扱われるようになっていった．

全国の児童相談所で対応する児童虐待相談対応件数は毎年増加の一途をたどり，2014（平成26）年度の相談対応件数は図3-2にある通り，88,931件（速報値）と9万件近い．この件数は，実際に虐待が行われている数ではなく，あくまでも「相談対応件数」であり，虐待に対する認知や意識の高まりが反映されたものであるが，統計がとられるようになった1990（平成2）年度の件数（1,101件）と比して約80倍という数である（図3-2）．

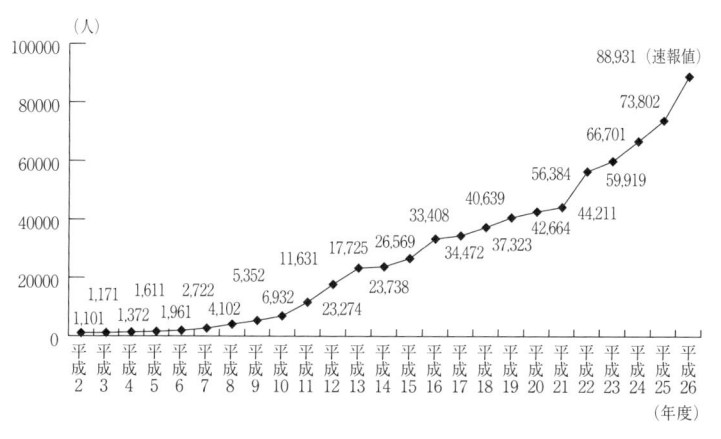

図3-2 児童相談所での児童虐待相談対応件数

（注）平成22年度の件数は，東日本大震災の影響により，福島県を除いて集計した数値である．

（出所）厚生労働省雇用均等・児童家庭局総務課「平成26年度の児童相談所での児童虐待相談対応件数等」報道発表資料　2015年10月

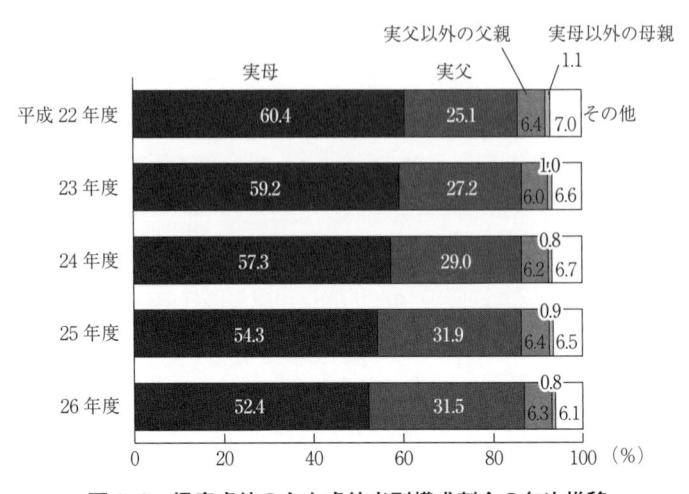

	実母	実父	実父以外の父親	実母以外の母親	その他
平成22年度	60.4	25.1	6.4	1.1	7.0
23年度	59.2	27.2	6.0	1.0	6.6
24年度	57.3	29.0	6.2	0.8	6.7
25年度	54.3	31.9	6.4	0.9	6.5
26年度	52.4	31.5	6.3	0.8	6.1

図 3-3 児童虐待の主な虐待者別構成割合の年次推移

(注) 平成22年度は,東日本大震災の影響により,福島県を除いて集計した数値である.
(出所) 厚生労働省「平成26年度福祉行政報告例の概況」2015年12月

　また,子育てから家族と福祉について考える際に,注意を払わなければならないのは,児童虐待の主たる虐待者の半数以上が実母によって占められていることである(図3-3).これは,すでに述べてきたように,「男は仕事,女は家事・育児」という固定的な性別役割意識で,母親が主に子育てを担ってきたことの困難の表れということができるのではないだろうか.

　実際に,総務省「社会生活基本調査」(平成23年)によると,男性の長時間労働の影響もあり,同一世帯の夫と妻の生活時間のうち仕事等の時間は夫に偏り,家事関連時間のほとんどが妻に偏っている(図3-4).

　家事関連時間は,とくに就学前の末子がいる時期が最も長く,夫は1時間7分(うち育児時間は37分),妻が7時間41分(うち育

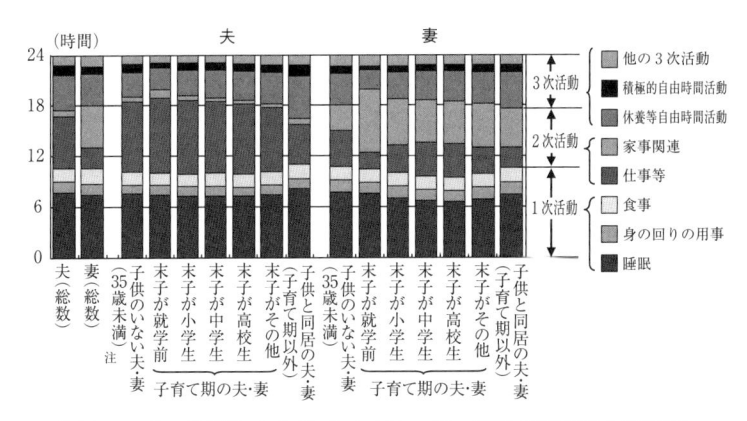

図 3-4　夫・妻別にみたライフステージ，行動の種類別生活時間

(注) 同一世帯に子どものいない夫婦をいう．
(出所) 総務省『平成 23 年社会生活基本調査　生活時間に関する結果　結果の概要』

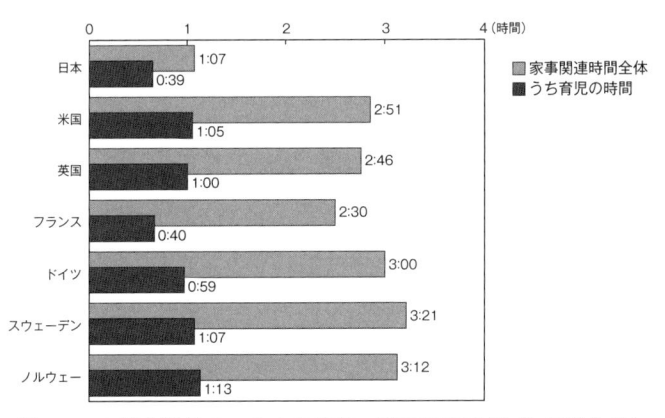

図 3-5　6 歳未満児のいる夫の家事・育児関連時間（1 日当たり）

(備考) 1. Eurostat "How Europeans Spend Their Time Everyday Life of Women and Men"(2004), Bureau of Labor Statistics of the U.S. "American Time Use Survey"(2011) 及び総務省「社会生活基本調査」(平成 23 年) より作成．
2. 日本の数値は，「夫婦と子どもの世帯」に限定した夫の「家事」,「介護・看護」,「育児」及び「買い物」の合計時間である．
(出所) 内閣府『平成 25 年版　男女共同参画白書』p.87

児時間は3時間22分)であり,夫と妻の担う時間が大きく異なる.そして,夫のわずかな家事関連時間は,他の先進国と比較して極めて低水準にとどまっている(図3-5).

この背景には,子育てに関わりたくても関われない夫の事情(長時間労働や育児休業の取りにくさ等)もあるのだが,「男は仕事,女は家事・育児」という性別役割分担による家庭生活の運営がこんにちでもなされていることを示すものである.

また,一定の家族モデルから外れた場合の子育ては,極めて厳しい現実があり,それはひとり親世帯に顕著に現れている.表3-1は,子どもがいる現役世帯の貧困率を表したものであるが,この表からは,子どもがいる世帯において「大人が一人」の場合,その貧困率

表3-1 貧困率の年次推移

	昭和60年	63	平成3年	6	9	12	15	18	21	24
	%	%	%	%	%	%	%	%	%	%
相対的貧困率	12.0	13.2	13.5	13.7	14.6	15.3	14.9	15.7	16.0	16.1
子どもの貧困率	10.9	12.9	12.8	12.1	13.4	14.5	13.7	14.2	15.7	16.3
子どもがいる現役世帯	10.3	11.9	11.7	11.2	12.2	13.1	12.5	12.2	14.6	15.1
大人が一人	54.5	51.4	50.1	53.2	63.1	58.2	58.7	54.3	50.8	54.6
大人が二人以上	9.6	11.1	10.8	10.2	10.8	11.5	10.5	10.2	12.7	12.4
名目値	万円	万円	万円	万円	万円	万円	万円	万円	万円	万円
中央値(a)	216	227	270	289	297	274	260	254	250	244
貧困線(a/2)	108	114	135	144	149	137	130	127	125	122
実質値(昭和60年基準)										
中央値(b)	216	226	246	255	259	240	233	228	224	221
貧困線(b/2)	108	113	123	127	130	120	116	114	112	111

(注)1) 平成6年の数値は,兵庫県を除いたものである.
    2) 貧困率は,OECDの作成基準に基づいて算出している.
    3) 大人とは18歳以上の者,子どもとは17歳以下の者をいい,現役世帯とは世帯主が18歳以上65歳未満の世帯をいう.
    4) 等価可処分所得金額不詳の世帯員は除く.
    5) 名目値とはその年の等価可処分所得をいい,実質値とはそれを昭和60年(1985年)を基準とした消費者物価指数(持家の帰属家賃を除く総合指数(平成22年基準))で調整したものである.
(出所) 厚生労働省「平成25年国民生活基礎調査の概況」より

は30年前から半数を超えていることがわかる．つまり，ひとり親世帯の半分は貧困状態にあるということである(9)．

　一定の家族（「夫婦と未婚の子」からなる核家族）を家族の近代化と位置づけ家族形態の理念型とみなしてきたことにより，たとえば，父子世帯や母子世帯は「欠損家族」と看做され，差別や同情の対象とされた．これには，子育てを「私事」とし，多様な家族を社会的にサポートする福祉システムを欠いてきたことに原因の一端があるといえよう．

　先にみた日本型福祉社会論では家族内での自助が強調され，子育て世帯への経済的支援も企業が担い（家族手当等の福利厚生），国としてはほとんど何もなされてこなかったのである．親族のサポートや企業福祉の恩恵を受けることのできる人ばかりではないという点においても想像力に欠ける構想だったといわざるをえない．

　たとえば，表3-2は児童手当・育児休業・保育支援に関する日本・フランス・スウェーデンの制度の比較である．フランスとスウェーデンは，児童手当を通じた所得補助が世界トップに位置するが，日本の児童手当等の内容は，近年の少子化対策のなかで改善がなされているにもかかわらず，所得制限があるなど対象も金額も極めて限定的なものとなっている．そもそも，日本はGDPに占める家族関係支出が極めて低い(10)（図3-6）．他にも，高等教育における教育費の自己負担率が高いなど，教育費も含め子育てに関する費用はその多くを個々の家族に依ってきたのである．

　つまり，「子育て」から家族をみた時に，ほとんどの家族は多少の社会保障・社会福祉制度やサービスがあるとはいえ，一身にその機能を果たそうとしてきたといえる．しかし，地域や家族自体の変化，社会経済状況の変化のなかで，その機能遂行が困難な家族が

表 3-2 児童手当・育児休業・保育支援の国際比較

	日本	フランス	スウェーデン
児童手当	【支給対象】 ・0 歳から中学校終了 (15 歳未満) 【手当月額】 ・3 歳未満：15,000 円 ・3 歳～小学校修了 　－第 1 子，第 2 子：10,000 円 　－第 3 子以降：15,000 円 ・中学生：10,000 円 【所得制限】 ・あり（例：夫婦・児童 2 世帯の場合は年収 960 万円） 　－児童 1 人当たり月額 5,000 円	【支給対象】 ・第 2 子以降，20 歳未満 【手当月額】 ・第 2 子：約 1.8 万円 ・第 3 子：約 4.2 万円 （以降 1 人につき約 2.3 万円加算） ・14 歳～20 歳までの児童には月額約 0.9 万円加算 【所得制限】 ・なし （※子どもの多い世帯ほど税負担が軽減（N 分 N 乗方式））	【支給対象】 ・16 歳未満（義務教育相当） 【手当月額】 ・第 1 子：約 1.7 万円 ・第 2 子：約 3.6 万円（うち多子加算額約 0.2 万円） ・第 3 子：約 6.0 万円（うち多子加算額 1.0 万円） ・第 4 子：約 9.3 万円（うち多子加算額 2.6 万円） ・第 5 子：約 13 万円（うち多子加算額 4.6 万円） ・第 6 子：約 16.7 万円（うち多子加算額約 6.6 万円） 【所得制限】 ・なし
育児休業	【制度】 ・子が 1 歳になるまで （※保育所に入所できないなど場合には 1 歳 6 か月になるまで） 【給付】 ・育児休業開始から 180 日目まで 　－休業開始前の賃金 67% 支給 ・181 日目から子が 1 歳になるまで 　－休業開始前の賃金 50% 支給	【制度】 ・子が 3 歳になるまで ・1～3 年間休職またはパートタイム労働 【給付】 ・第 1 子：最長 6 か月 　－月額約 8.1 万円 ・第 2 子以降：子が 3 歳になるまで 　－月額約 8.1 万円 （※第 3 子以降で休業期間を 1 年間に短縮する場合は約 11.6 万円に割増）	【制度】 ・子が 1 歳 6 か月になるまで 　－フルタイムの休暇 ・子が 8 歳になるまで 　－時短勤務（最大 4 分の 1 の労働時間減少） 【給付】 ・子が 8 歳になるまで，両親合せて最高 480 日 　－うち 390 日までは従前所得の 80% 相当額 　－残り 90 日間は日額 0.3 万円
保育支援	【保育所利用率】 ・3 歳未満児：26.2%，3 歳以上児：43.7% 【保育所保育料基準月額 (3 歳未満児)】 ・44,500 円（所得税納付額 4 万円以上 10.3 万円未満） ・61,000 円（所得税納付額 10.3 万円以上 41.3 万円未満） ・80,000 円（所得税納付額 41.3 万円以上 73.4 万円未満） （就学児童 2 人の場合，保育料は基準額の 50%．3 人目以降は無料） 【待機児童数】 ・22,741 人	・3 歳未満児：49% が保育サービス（集団託児所や認定保育ママなど）を利用 ・3 歳以上児：ほぼ 100% が幼稚園に就学	【保育所利用率】 ・1～5 歳児：84.1% 【保育サービスの自己負担上限月額】 ・第 1 子：所得の 3%（最高 2.0 万円）まで ・第 2 子：所得の 2%（最高 1.3 万円）まで ・第 3 子：所得の 1%（最高 0.7 万円）まで ・第 4 子以降：無料 （※3～5 歳児は，少なくとも年 525 時間の無料の保育サービスが提供される）

（備考） 1. 厚生労働省「2013 年海外情勢報告」等をもとに作成.
　　　　2. 換算レートは，1 ユーロ (€) =142 円，1 スウェーデン・クローネ =16 円（平成 26 年 6 月中適用の基準外国為替相場及び裁定外国為替相場）.
（出所）内閣府「内外の少子化対策の現状等について」2014.7.18
　　　　http://www5.cao.go.jp/keizai-shimon/kaigi/special/future/0718/shiryou_08.pdf

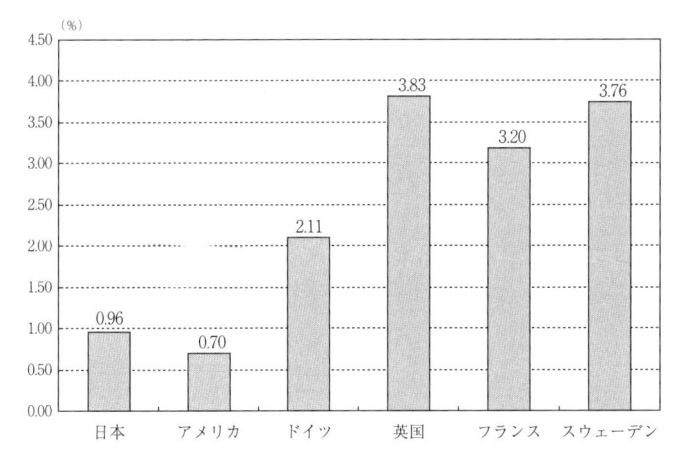

図 3-6　各国の家族関係社会支出の対 GDP 比の比較（2009 年）

(出典) 国立社会保障・人口問題研究所「社会保障費用統計」(2010 年度)
(注) 家族…家族を支援するために支出される現金給付及び現物給付（サービス）を計上
　　子ども手当（児童手当）：給付，児童育成事業費等
　　社会福祉：特別児童扶養手当給付費，児童扶養手当給付諸費，児童保護費，保育所運営費
　　協会健保，組合健保，国保：出産育児諸費，出産育児一時金等
　　各種共済組合：出産育児諸費，育児休業給付，介護休業給付
　　雇用保険：育児休業給付，介護休業給付
　　生活保護：出産扶助，教育扶助
　　就学援助制度
　　就学前教育費（OECD Education Database より就学前教育費のうち公費）
(出所) 内閣府『平成 25 年版　少子化社会対策白書』p.24

増えてきたことで制度の硬直性が露呈した．2014 年 7 月に厚生労働省により発表された「平成 25 年国民生活基礎調査　結果の概要」によると，子どもの貧困率は 16.3％と過去最悪であり，OECD 加盟国のなかでも深刻な状況にある．

　格差のないよりよい社会を目指すためには，子育てや教育を家族任せにせず社会的に担っていくことが，今現在求められているのである．

4 これからの家族への支援のあり方とは

　こんにちの社会福祉は，かつての救貧的・慈恵的な福祉サービスから，すべての人を対象とした普遍主義的な福祉サービスへ変化しようとしてきた．そして，行政行為としてなされてきた受け身的な措置による福祉から，自らが主体的に選択する福祉へ，さらに，施設中心の福祉サービスから在宅中心の福祉サービスへと大きく転換する途上にあるといえる．

　児童福祉について見てみれば，1990年代以降に社会問題化された少子高齢化等を背景として，児童福祉法等の一部改正に関する法律が1997（平成9）年に成立し，政策対象をいわゆる要保護児童から子どものいるすべての家族へ拡大し，保育施策を中心に，それまでの措置制度から利用者の意向に沿うサービス提供システムに変え，ニーズの多様化に応えようとした．とくに，一般家庭における多様なニーズに対して，少子化対策の観点からとはいえ目が向けられるようになったことの意義は大きい．その結果，「子育て支援」という言葉の下に，さまざまな子育て家族のニーズに対応することとなった．

　「家族を福祉の含み資産」として，生活上のニーズや依存を抱えた個人の生活を家族が担うというように福祉機能を家族の誰かに押しつけるのではなく，家族の構成員それぞれが自立（自律）的な生活を営むことを可能とするための支援（福祉）が必要ということである．例えば，近年，大都市圏の待機児童が問題となっているが，子育てをしながら働きたいと考える人が，仕事も子育ても遂行できるような保育サービスがあること，そのサービスが利用しやすいこと，また，子育て時間も担保されるような企業のあり方や支援が求

められるということである.

このような家族のとらえ方の変化には，エスピン＝アンデルセン(G. Esping-Andersen) による議論の影響も大きい．エスピン＝アンデルセンは労働力の「脱商品化」と「階層化」という指標を用いて福祉国家の類型化を試み，その後，「家族主義」と「脱家族化」という指標を加えて分析している．

日本は「家族主義レジーム」に分類されると考えられるが，エスピン＝アンデルセンは，家族主義は家族形成と労働力供給に対して逆効果であり，教育を受けた女性の労働力供給を抑制することは人的資本の浪費をもたらすことを指摘し，育児に関する福祉の機能を脱家族化させ，育児と仕事の両立を図ることの重要性を説いた．そして，家族への支援の成否は出生率に現れるとして次のように述べる．

> 親というものは，私的な福祉と集合的な福祉を同時に生みだしている．そして，そうするための親たちの能力は，社会がいかに家族を支援しているかにかかっている．希望する子どもの数と実際の出生率のあいだの格差が拡大していることは，家族のための福祉が失敗し，そうした家族が生活している地域社会のための福祉も失敗していることを示す明らかな証拠と解釈できる．
> （エスピン＝アンデルセン 2011：79）

日本の子育て施策をみると，家族への支援は「子育て支援」サービスとして進展してきてはいるが，いまだ十分といえる状況にはない．そもそも「家族支援」ではなく，具体的な「子育て」についての支援であり，そのサービス内容は直接的なケアとして保育にかかわるサービスや子育て期の親子の居場所づくりや相談等が中心となっている．

すでに述べたが，子育てを支える経済的支援（児童手当等）は限定的であり，OECD諸国との比較では保育・教育予算は低いレベルであり，住宅政策もほとんどない．そして，支援を要する家族の困難はなかなか解消されていない．現実の家族を見据え「家族依存」的な社会経済構造をさまざまなレベルで見直していくことが必要である．

　しかし，扶養義務を強調した生活保護バッシングは「家族依存」を肯定するものでしかなく，子ども手当導入の際に多かった「ばらまき政策だから反対」という国民の拒否反応は，子育てを相変わらず「私事」ととらえる意識の強さがすけて見える．問題山積する現在においては，子育てを社会全体で支えていこうとする気運の醸成と社会的な合意形成づくりが求められる．

　ライフスタイルとしての多様な形態の家族の存在は，個人の主体的な選択の保障を意味する．死別・離別・非婚等多様な形成によるひとり親世帯，ステップファミリー，意図的無子世帯，事実婚家族，同性婚家族，養子縁組家族，里親家族，外国籍家族など，家族の多様性を包摂する社会が現実問題としてすでに必要とされ望まれていることを強調したい．

注
(1)　平成25年国民生活基礎調査の概況による．
(2)　国立社会保障・人口問題研究所『人口統計資料集2015年版』による．
(3)　この点については，たとえば，大日向雅美 (1999)『子育てと出会うとき』や原田正文 (2006)『子育ての変貌と次世代育成支援』などに詳しい．
(4)　経済審議会 (1963)「人的能力政策に関する経済審議会の答申」など．
(5)　池田勇人，佐藤栄作が総理大臣の時代に進められた．「人づくり」については，1966（昭和41）年　中央教育審議会による答申「後期中等教育の拡充

整備についての答申」「期待される人間像」等にその考え方が表現されている.
(6) 「保育問題をこう考える」では7つの原則が示されているが,第2原則は「母親の保育責任と父親の協力義務」である.
(7) これは,大平正芳内閣総理大臣(1978年〜1980年在任)が打ち出し,政権党である自民党および政府の正式の課題となった.
(8) 主婦への年金受給を制度化したものであり,被用者(勤め人)の被扶養配偶者(ほとんどの場合,妻)は,保険料を払わなくても基礎年金を受け取れるという仕組みであり,「主婦年金」とも呼ばれている.
(9) 日本のひとり親世帯の貧困率は,OECD諸国と比較した際に極めて高く,「働いているのに貧困」というワーキングプア状態にあることが特徴である.
(10) ここでは,各国データが2009年度で揃ったものを使用する.日本は2011年度には家族関係社会支出の対GDP比は1.35になっている.2003年度は0.75,2007年度は0.79と少子化対策により微増傾向にある.

引用・参考文献
上野千鶴子編 (1982)『主婦論争を読むI 全記録』勁草書房
上野千鶴子 (2009)「家族の臨界—ケアの再分配公正をめぐって」牟田和恵編『家族を超える社会学 新たな基盤を求めて』新曜社
大沢真理 (1993)『企業中心社会を超えて』時事通信社
大日向雅美 (1999)『子育てと出会うとき』NHKブックス
落合恵美子 (1994)『21世紀家族へ』ゆうひかく選書
エスピン＝アンデルセン,G.著,大澤真理監訳 (2011)『平等と効率の福祉革命—新しい女性の役割』岩波書店
杉本貴代栄 (2012)『福祉社会の行方とジェンダー』勁草書房
内閣府 (2013a)『平成25年版 男女共同参画白書』
内閣府 (2013b)『平成25年版 少子化社会対策白書』
野々山久也編著 (1992)『家族福祉の視点—多様化するライフスタイルを生きる』ミネルヴァ書房
原田正文 (2006)『子育ての変貌と次世代育成支援』名古屋大学出版会
堀勝洋 (1981)「日本型福祉社会論」『季刊社会保障研究』Vol.17, No.1, 国立社会保障・人口問題研究所

第4章 コミュニティとメディア
―関係性の再構築のために―

はじめに　生きる場と関係の再構成

　私たちは「メディア」というと自動的に「マス・メディア」，たとえば，TVやインターネット，新聞・雑誌やラジオなどを思い浮かべてしまいやすい．もちろん，これらもメディアの一部ではあるが，マクルーハン（Herbert Marshall McLuhan）は，メディアを「人間の拡張」と広く捉える（マクルーハン 1987）．メガネや補聴器は，それを用いることによって自身の身体を拡張するメディアであり，スマホや携帯電話，インターネットなども同様である．私たちの身体は，誇張ではなく，メディアによって世界中に拡がっている．

　ともすると私たちは，メディアの「内容」や「意味」に注目してしまうが，マクルーハンが繰り返し指摘するのは，その「形式」の重要性である．「形式」が私たちの感覚を変容させるというマクルーハンの提言によれば，私たちの「在り方」やそれにともなう「認識」は，形式によって変容するということでもある．これは，ジェンダーを含む社会化（socialization）についての重要な指摘ではないだろうか．

　本章においては，まずは社会化について，メディアの変容と関連づけながら論じる．そのうえで，メディアの「内容」について検討

し，読み解く力としての「メディア・リテラシー」について扱う．

メディアの変容は私たちの「認識」ばかりでなく，「関係」の在り方にも影響を与え，生活空間をも再編しつつある．すでに「コミュニティの解体」などと言われて久しいが，このことはメディアの変容に関係する事象として捉えることができる．現在，「東日本大震災」やそれにともなう福島原発事故を背景としながら，新たな「繋がり」が模索されつつあるが，それはコミュニティをどのように再建していくかという課題に結びついていよう．「地方消滅」と論じられる現代において，この課題はますます重要性を増している．ここでは，物理的な土地や領域をともなう「地域共同体」とあわせて，「ネットワーク」を検討する必要がある．

ちなみに，ジェンダーをメディア論の観点からとらえると，非対称化された「男―女」という「内容」面から検討することもできるが，それを「男―女」に二分する「形式」または構造として扱うこともできる．本章では「性の二分法」を超えて，新しい関係性の構築に向けた共通の土台をどのように築くことができるのか，それを問いたい．

1 メディアとジェンダー

(1) 社会化論の再考

① 社会化（socialization）とは何か

まず最初に，手近な辞書で社会化概念の定義を確認してみる．

> 大別して，次の三つの意味で用いられる．①形式社会学の中心概念として，諸個人の相互作用により，集団や社会が形成され可能とな

る過程②生産(活動)や育児などの事象が，私的な形態から社会的・共同的なものへと変えられること③個人が他者との相互行為を通して，諸資質を獲得し，その社会(集団)に適合的な行動のパターンを発達させる過程，つまり，人間形成の社会的な過程．今日，社会学の専門用語として多く用いられるのは③の意味であるが，それは①の意味とも無関係ではない．社会システムのレヴェルでは，社会化とはそれに参加する個人における役割の獲得であり，逸脱に対する社会統制と並んで，社会システムの存続にとっての機能的要件である．(後略)　　　　　(『社会学小辞典〔新版〕』有斐閣．1997．「社会化」より)

　ここでは定義の③を中心に社会化を説明する．上の引用で確認しておいて欲しいのは，社会化が，当該社会に「適合的な行動パターンを発達させる」という点と，「社会統制と並んで，社会システムの存続にとっての機能的要件」であるという説明である．

　パーソンズ(Talcott Parsons)は「子どもが自己の生まれついた社会の文化を内在化(internalization)すること」(パーソンズ他 2001：36)と社会化を定義づけたが，その際，社会(体系)を所与とし，それを維持するための「家族」および「個人」と位置づけたため，個々人が社会規範をどのように身につけていくのかという，「主体」についての考察が不十分であるともいわれる．さらにジェンダーを語るうえで無視できないのは，社会(体系)を維持するための「子どもの生産(出産)」を家族の機能とし，さらにはそのために男女の性別役割(「表出的機能」を担う女性と，「道具的機能」を担う男性)を規定したため，「性の二分法」を固定化する下地を作ってしまったことも注意しておきたい．

② 解釈的アプローチによる「社会化」の捉え直し

1) 社会化論の再検討

　パーソンズのように，構造によってすべてが決定されるという捉え方に対して，行為者間の社会的相互作用によって構造が（再）形成されていく側面を重視する方法論を総称して，「解釈的アプローチ」と呼ぶ．

　以下，バーガー（Peter Ludwig Berger）による社会化論を取りあげる．バーガーによれば，社会化とは「個人が社会の一員となるために学習する過程」（バーガー 1979：62）である．子どもにとって社会化とは，大人によって統制，強制される側面があることは否定できない．

　だが，子どもが社会化する過程は普遍的で一般的なものではなく，文化によって内容は異なるものである．バーガーによれば，社会化の特質とは「絶対的なものとして経験される相対的なパターン」なのである．たとえば日本においては，性別によって1人称を使い分けることが教えられ，子どもはそれを学習していくことになる．

　また，社会化とは全面的に大人によって支配されているわけではない．「社会化とは，子どもが社会に加入する過程であり，子どもが自分に与えられた世界に加入するために成長し，自己をのばしていく過程である」（同上：64）．同じ親の元で育ったとしても，きょうだいによって性格も異なることを想起しよう．子どもは相互作用を通して，「男」または「女」としての周囲の期待や価値，規範を学習し，自らのパーソナリティを主体的に形成していく存在である．

　子どもの社会化において，バーガーは「言語」を重視する．ことばを学習することで子どもはより高次なコミュニケーションを取ることが可能となる．社会化初期における，言語の学習を中心とした

社会化は「第一次社会化」(primary socialization) と呼ばれるが，それ以降に起こる「第二次社会化」(secondary socialization) を含めると，社会化は死ぬまで継続することになる．

2) 相互作用の重要性

　社会化の具体的なプロセスを追ってみよう．図4-1は，「人間の社会的行為」を図式化したものである（春日　2009：72）．ここでAを養育者とし，Bを子どもとしよう．Aから何らかの働きかけがBになされるとき，それはBにとってひとつの刺激として受けとめられる．Bはその刺激に応じるように何らかの反応を返す．たとえばAの語りかけにBは微笑むかもしれないし，喜んで声を上げるかもしれない．場合によっては泣き出すこともあるだろう．そのようなBの反応が今度はAへの刺激となり，それが新たなAの反応を引き起こす．

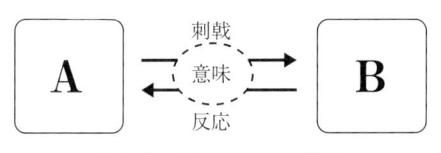

図4-1　人間の社会的行為

　このような相互作用が，多様な人びとと複合的に反復されることによって，刺激と反応の結びつきを媒介する「意味」が定着していくようになり，その社会における一般的な「社会的イメージ」が習得されることになる．ミード (George Herbert Mead) は，これを「一般化された他者」(generalized others) と呼んだ（ミード1973）．結果として，私たちは社会的な存在になっていくのである．

3) ステレオタイプ (stereotype) の習得

　上で述べた相互作用のプロセスで習得される社会的イメージは，ステレオタイプ (stereotype) としても説明できる．ステレオタイプとは，特定の社会や文化のなかでそのメンバーに広く受容されている固定的，画一的な観念やイメージのことである（リップマン 1987）．

　リップマン（Walter Lippmann）によれば，ステレオタイプの特性には 2 つあり，第一に「労力の節約」という経済性が関係している．「あらゆる物事を類型や一般性としてでなく，新鮮な目で細部まで見ようとすれば非常に骨が折れる」(同上：122) ので，人びとはステレオタイプによって思考を節約するのである．さらに，より重要なのが第二の「社会的な防御手段としてのステレオタイプ」という特性である．ステレオタイプは「われわれの個人的習慣の核ともなり，社会におけるわれわれの地位を保全する防御ともなっている」(同上：130)．換言するなら，最初は窮屈と感じたとしても，一回ステレオタイプにはまってしまえば，それは秩序正しい矛盾なき世界像として機能することになる．この時，ステレオタイプは，私たちの自尊心を保障するものとなるため，逆に，ステレオタイプに混乱が生じると，場合によっては自分と世界の否定にも繋がりかねないため，極端な場合には暴力をともなった拒否反応が起こることもある．ステレオタイプは「理性のちからに先行」しており，「教育にも批判にも頑として従わない」(同上：135)．この時，ジェンダーとは，もっとも強固に私たち自身を縛り付けるステレオタイプのひとつであるといえる．

　解釈的アプローチによる「社会化」は，個々人が規範や制度へ埋め込まれているばかりでなく，それらが相互作用によって構成されている様子を描き出した．しかしながら，現代における社会化は，

その条件からして変容しつつある．なぜならば，その相互作用のプロセスにメディアが大きく影響を与えているからである．

ここで社会化の説明から離れて，本題であるメディアについての考察をマクルーハンに即して検討しておきたい．

(2) メディアと社会化
① マクルーハンのメディア論

マクルーハンによれば，近代における文字文化的な発展，つまり，「機械化し細分化する科学技術」の発展による「外爆発」(explosion)の時代を超え，現在は中枢神経系が地球規模で展開する「内爆発」(implosion)の時代に入っている（マクルーハン 1987）．私たちは現代，「電気の時代」の特性である神経的で統合的な生き方をしつつ，一方で，「機械の時代」に細分化された空間と時間のパターンに取り囲まれてもいる．

私たちは，以前の「文字文化の時代」においては，その特徴でもあった「機械化し細分化する技術」によって，「人間的に巻き込まれる」ことを避けることができた．「細分化」は「専門分化」でもあり，私たちは自身の専門領域に引きこもってさえいれば，ビビらないでいられたのである．しかし「電気の時代」においては，「中枢神経系が技術的に拡張」していき，人類全体を自身の内に同化するまでになっているから（内爆発），私たちは不可避的に自身の行動の「結果」に深く関与せざるをえなくなっている．電気のスピードがあらゆる社会的および政治的作用を一瞬にして結合してしまうために，人間の「責任の自覚」を極度に高めている．電気メディアの時代においては，社会的マイノリティや政治的・社会的活動者を封じ込めることはもはや不可能であり，それらの人びとも私たちと

もに巻き込まれている. マクルーハンはこのような傾向を「地球村」（グローバル・ビレッジ）と表現し, 電気メディアが「時空間」を越えて私たちを結びつけてしまう傾向を指摘した.

このような傾向は一方で強い「不安」を引き起こす. 細分化された領域毎の壁が破壊され, 他の「視点」とランダムに関与と参与を強いられることになるから, それらがさまざまなストレスを引き起こす可能性もある. しかし, マクルーハンはそこに「混沌のカオス」ではなく, 「究極の調和」に結びつく可能性を見いだしている.

1)「メディアはメッセージである」

マクルーハンの示した言説において最も有名なのがこの「メディアはメッセージである」というアフォリズム（格言）であろう. マクルーハンはこれを次のように説明している.「いかなるメディア（すなわち, われわれ自身の拡張したもののこと）の場合でも, それが個人および社会に及ぼす結果というものは, われわれ自身の個々の拡張（つまり, 新しい技術のこと）によってわれわれの世界に導入される新しい尺度に起因する, ということ」である（マクルーハン 1987：7）.

機械技術における関係は, 人間関係を「細分的」,「中央集中的」,「表層的」なものとしたが, オートメーションはそれを「深層的」,「統合的」,「分散的」な関係に再構造化した. マクルーハンは電気の光を例としてあげる. 電気の光はただのインフォメーション（情報）であり, それ自体のメッセージをもたないメディアである. 私たちは, 電気の光が宣伝文句の描き出しに使われようが, 手術に用いられようが, 娯楽に用いられようが, それが「電気の光」によってもたらされたという事実を無視しがちであるが, それがメディア

であることにかわりはない．光の用いられ方は「内容」という別のメディアである．ここで重要なのは，「既存のプロセスを拡充したり加速したりするときの，デザインあるいはパターンが，心理的および社会的にどのような結果を生むか」(同上：8)という問いである．「いかなるメディア(つまり，技術)の場合でも，その"メッセージ"は，それが人間の世界に導入するスケール，ペース，パターンの変化に他ならない」からである．

「鉄道は移送とか輸送とか車輪とか線路とかを人間の社会に導入したのではない．それ以前の人間の機能のスケールを加速拡大し，その結果まったく新しい種類の都市や新しい種類の労働や余暇を産み出したのである」(同上：8)．メディアは，「人間の結合と行動の尺度と形態を形成し，統制する」．

メディアの内容や効用はさまざまだが，それは「人間の結合の形態を形成する上では実効がない」．そしてこの内容への着目，つまり「メディアの内容がメディアの性格に対してわれわれを盲目にするということが，あまりにもしばしばありすぎる」(同上：9)とマクルーハンは批判する．「機械化というのは，一切のプロセスを細分化し，その細分化した部分を一線に連続させることによって達成される」(同上：12)ものであり，それによって「成長の可能性」や「変化の理解」などを自動的に可能にするものではない．電気時代になり，瞬間的な速度が生じることで，一つずつの「物事の連鎖」を不可能にした．映画は機械的に速度を上げることによって，「連続」と「連結」の機械的世界から，創造的な「構成」と「構造」をもった世界を現出させた．キュービズムも，人間がつくりだした「遠近法」的な一面性を捨て，代わりに物体の全面を同時に取り込むことで，全体の瞬間的知覚を表現しようとする．この時，「何について

の絵」であるかという「内容」は問題ではなく，全体的な「構成」こそが重要である．マクルーハンが指摘するように，私たちはある曲について，「何についての曲なのか」を問うことはあまりないし，家や服装についても「なにについて」なのかを問うこともまれである．人はこれらについて，全体のパターンを統一体として，つまり「構成」として認識しているのである．電気の時代はこの傾向に拍車をかける．

電気の時代の「構成」を中心とした世界観は，西洋における文字的な連続性や合理性を重視した世界観よりも，東洋の口誦的で直感的な文化に近い．西洋では「合理的」とは「画一的で連続的で継起的な」という意味であり，これは「理性」を文字文化と，「合理」を単一技術と混同する結果となった．この西洋的な観点からすると，現代の直感的な人間は極めて非合理に見えるのである．

「技術はわれわれが画一的で連続的なパターンに従って行動することを求める」（同上：17）．技術の要求に従うことができずはみ出してしまった人，とくに，子ども，障碍者，女性，黒人などは，視覚および活字の技術の世界では不公平の犠牲者となり，それ特有の居場所のなかに隔離・収容される．なぜなら，「自分たちのサイズに合っていない画一的で反復可能な場所に身を合わせることを<u>期待されないから</u>である」（同上：17，傍線筆者）．男性においても，「それが男の世界さ」という文言が，均質化した文化において果てしなく反復出現することを考えてみると，これはそのような文化に属するために均質化するしかなかった男たちの現実を示している．

「すべてのメディアが人間の感覚の延長であるが，同時に，それは個人のエネルギーに課せられた"基本料金"でもある．それはわれわれ一人ひとりの意識と経験をまとめ上げる」（同上：22）．だと

したら,「メディア」それ自体を「メッセージ」として, もう一度問いなおすことが必要になるであろう.

2) ホットとクール

これも有名な定理であるが, マクルーハンはホット (Hot) なメディアとクール (Cool) なメディアを分けて論じている. ホットなメディアとは, ラジオ, 映画, 写真, 表音アルファベット, 講義, 書物など, 単一の感覚を「高精細度」(high definition) で拡張するメディアのことであり, データが十分に満たされているため, 受容者の参与する度合いが低い. 現代は, 書きことばを優先することで, 専門化と細分化をもたらし, 「排除」を高めている.

他方のクールについては, 電話, テレビ, マンガ, 象形文字, 表意文字, 演習, 対談などであり, 「低精細度」(low definition) で情報量が少ないため, 聞き手がたくさん補う必要がある, つまり受容者の参与性または補完性が高い. クールな形式は「包含」する.

ホットなメディアは専門分化を促すために, それぞれの「部族」(「村」) を解体する. たとえば, 専門化の進展はそれぞれの家庭で果たしていた機能を「外爆発」させ, 特化した専門家を家や共同体の周辺に配置する, つまり家族機能は社会化され, 同時に, 女性もより細分化されていく結果を招く.

「新しい電気に基づく生の構造化と形成化が進めば進むほど, ますます, 機械の時代からの古い線条的で断片的な手順と分析の道具とに衝突する」(マクルーハン 1987：27) ようになる. 以上みてきたように, 私たちはますます, メッセージの「内容」ではなく, 全体の効果に目を向けなければならなくなるのである.

②「再帰性」の問題

　以上のような，マクルーハンのロジックは，ギデンズの言う「再帰性」と重なる．ギデンズ（Anthony Giddens）は再帰性（reflexivity）という概念を用いて，現代における人間の行為の特質を示した[1]．「人はすべて，行為の不可欠な要素として，日常的にみずからがおこなうことがらの根拠と<u>不断に"接触を保ち続けている"</u>」（ギデンズ 1993：53，傍線筆者）．口承文化の時代においては，人間はその文化に埋め込まれているため，自分の行為の理由を問われることがない．その後，文字文化が登場してくることによって，「時空間が拡大」した結果，意識的に自分の行為を振りかえる「行為の再帰的モニタリング」が行われるようになる．当初の段階では，時間軸で「過去」の比重が大きく，また，「読み書き能力」も一部のエリートに握られているため，モニタリングは「伝統」として共同体の時空間に接続され（同上：54），歴史は連続的で線形的な形をとる．伝統に基づく実践が反復されることによって，ジェンダーを含む構造は再生産される．

　近代になると，再帰性はシステムの再生産の基盤に入り込み，その結果，思考と行為は常にたがいに反照し合うようになる．型にはまった行動が「以前もそうだったから」「伝承されているから」ということだけでは「それ自体の信憑性が検認できない」（同上：55）．「近代の社会生活の有する再帰性は，社会の実際の営みが，まさしくその営みに関して新たに得た情報によって常に吟味，改善され，その結果，その営み自体の特性を本質的に変えていく」（同上：55）．

　あらためて考えてみると，このことは私たちの日常では「あたりまえ」なことではないだろうか．自分の行動が一時点において成功したからといって，それを反復しても成功するとは限らない．状況

は常に変動している．親や先輩から学んだ「就活」テクニックが，自分の場合にも通用するわけではないし，友だち関係でウケた話題を繰り返しても場をシラケさせるだけかもしれない．それがどのような文化であったとしても，社会はそのなかで絶えず供給されていく「新たな発見」によって日々手直しされていく．

　近代において初めて，物質的世界への技術的介入を含めた「慣習の修正」が，人間生活のすべての側面に徹底して及んでいくようになった．現代においては「行為の再帰的モニタリング」が見境なく働いている状態であり，それは結果として，人びとの不安を喚起することになる．

　「新しいもの・こと」へのモニタリングは，「欲望」（操作された場合を含む）に先導されているとみなす見解もあるし，逆に，そこで生じた不安を理性によってのりこえる「理性の優位」を期待することもできるかもしれない．しかし「再帰性」は「欲望」も「理性」をも越えた領域で稼働している．このことはリースマン（David Riesman）が提示した「他人指向型」（other-directed type）というタイプが，不安によって動機づけられていたことにも関連しよう．それは個々の「実存」に関わる問題である．現代において「確信」できるものはなく，マス・メディアが重要な役割を果たしている．

　ギデンズは再帰性の説明において，興味深い例をあげている．社会科学でよく用いられる「資本」，「投資」，「市場」，「産業」などの概念は，「現実の"近代の経済活動"のなかに組み込まれていき，経済活動に不可欠なものとなってきたのである．かりに社会のすべての成員がこうした概念や他のさまざまな概念に精通していくという事実がなかったならば，近代の経済活動は，おそらく今日のような姿を呈することはできなかったであろう」（同上：58）．専門知識

はそれ自体が専門家の手の内にのみ存在するのではなく，その社会の構成要素として，つまり「情報」として私たちの生活に不断に繰り込まれていく．たとえば，自殺統計を目にした検視官は，専門家であったとしても，その統計に先立つ概念や理論に先導されているし，「離婚率の上昇」という情報に接した一般の人びとは，結婚するかどうかの決意にこの情報を繰り込むだろう．そして，「こうした認識がすべて，その後の変化過程の中に入り込み，再帰的にその過程を形づくっていく」（同上：60）のである．

ギデンズが示した「再帰性」の概念は，マクルーハンの述べた電気社会の特質と密接につながる．

だとすると，現代の社会化はメディアの形式によってかなり変容したものになりうるはずである．そして，それは，ジェンダーが必ずしも伝統的な形を再生産しなくなった現状を説明していないだろうか．

③ メディア論を経由した社会化の再検討

社会化論にとって，「内容」よりも「形式」というマクルーハンの指摘は重要である．J. M. カルキンは，マクルーハンを引きながら「いろいろなメディアによって新しい環境がつくられるが，それは人間にとっても単なる容れ物ではない．それは人間を形づくるプロセスである」（マクルーハン他 2003：26）と述べる．旧来の社会化論では「内容」すなわち「意味」がアプリオリに前提されてはいないだろうか（たとえば，「社会化の失敗」という言説など）．しかし，社会化を「形式」から捉えるとすると，失敗，成功という価値判断，すなわち内容が介入する余地はない．人は，当該社会の文化を相互作用過程で身につけていくのであるから，学習した規範が反人道的

であろうと，反平和的であろうと，それが社会化の結果，身についたものであることはかわりがないだろう．ギデンズは社会化について，「コミュニケーションという『対話的』な文脈を，認知の水準で習得すること」(ギデンズ 1989：143)としている．人はすべからく社会化していくのみである．

また，電気技術は相互作用の在り方(形式)をも開放する．先に触れたグローバル・ビレッジとは，電気技術により物理的な距離を無化した関係を前提とするが，私たちは，まさに，家族や地域などにおける対面的な状況に限定されない，統合的で包括的な相互作用を行っている．身近な例として，テレビは参与性が高いため，配信された情報の詳細をネット環境を利用して取得することもできるし，離れた場所にいるもの同士が情報交換をすることもできる．第一，その情報の信頼性を検証することさえ可能である．この時，ある特定の情報の「信頼性」がアプリオリに前提されないということが重要である．私たちは，「時間」や「空間」に縛られずに社会化していくことも可能なのである．

第三に，マクルーハンの言う「知覚様式の変容」，ギデンズの言う「行為の再帰的モニタリング」は，個々の相互作用過程にも影響を及ぼす．つまり，自らの行為が相手にどのように映っているのかを想定したうえでの行為・働きかけとなるため，相互関係の図式が変容していく．

次に示す図(図4-2，4-3)は，人間の関係をモデル化したものである(春日 2009b：93-94)．「癒やし」モデルは，相手の世界に積極的に立ち入っていくことで，一体感や安定感を醸成することになるが，その分拘束力も高まることにもなる．一方の「予防」モデルは，互いに傷つかない，傷つけないために相手の世界に立ち入らないと

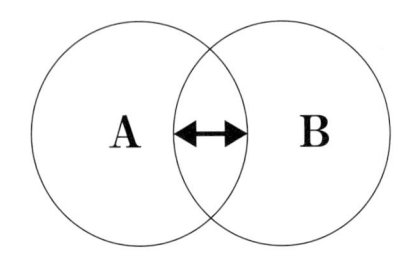

図 4-2　「癒やし」の人間関係モデル

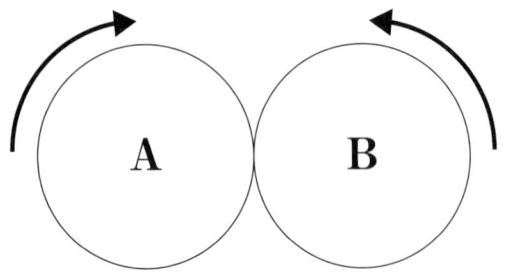

図 4-3　「予防」の人間関係モデル

いう注意深さが特徴であり，なめらかな関係が第一義である．大平健は前者を「ホット」な関係，後者を「ウォーム」な関係として説明し，現代においては「ウォーム」が特徴的としているが（大平 1995），メディア論的に見てもこれが妥当かもしれない．

「癒やし」モデルは，相手の領域に立ち入ることで，「違い」（対立点）を際だたせてしまうため，現代では避けられやすいが，逆に，「予防」モデルは関係の安定感，信頼感を損ないやすく，結果的に自己肯定観を脆弱化させてしまいやすい（土井 2008）．

アイデンティティをめぐる議論は古くて新しいテーマだが，そこに他者からの「承認」がともなうことは共通である．自分のパーソナリティを「これ」として無邪気に提示できることよりも，現代に

おいて求められるのは「セルフモニタリング」を駆使する慎重さであるのかもしれない．

　最後に，社会化過程に混入するジェンダーの要素を検討しておく．

　私たちが反復する相互作用には，ジェンダーという変数が常に入り込んでいる．それは，「行為の再帰的モニタリング」によって常に参照される．

　上野千鶴子は「市場」とその〈外部〉を論じ，〈外部〉に「家族」を発見した（上野 1990：7-10）．

　「市場」は人を労働力資源としてみなし，健康で一人前の成人男子を標準として，それ以外の存在（子ども，高齢者，障碍者，病人）を「市場」の外に弾き出し，これらをケアする担当として，「女性」を「家族」という外部に囲い込む．

　図4-4は，ジェンダーが相互作用を通して形成される過程を図示したものである．

　人間は出生に際して，「男」または「女」として判別される．その時，人はすでに文化のなかに偏在するジェンダー差を読み込まれていく．次のような実験がある．赤ちゃんのパーソナリティを判断するように求められた被験者は，「ベス」と名づけられた生後6ヵ月の赤ちゃんを，「可愛らしい」とか「おとなしい泣き方をする」と判断した．別の場面で，新しい被験者は「アダム」と名づけられた同年齢の赤ちゃんに，電車などの男の子向けとされるおもちゃを与えて遊ばせようとしたという（Will, Self & Datan 1976）．実際にはこの「ベス」と「アダム」は同一人物であり，その身ぶりがジェンダーを表出していたとは考えづらい．子どもの身ぶりにではなく，大人の側の認知枠組みにジェンダーというステレオタイプが焼き付けられていたのではないか．私たちは，常に「男性」または「女性」

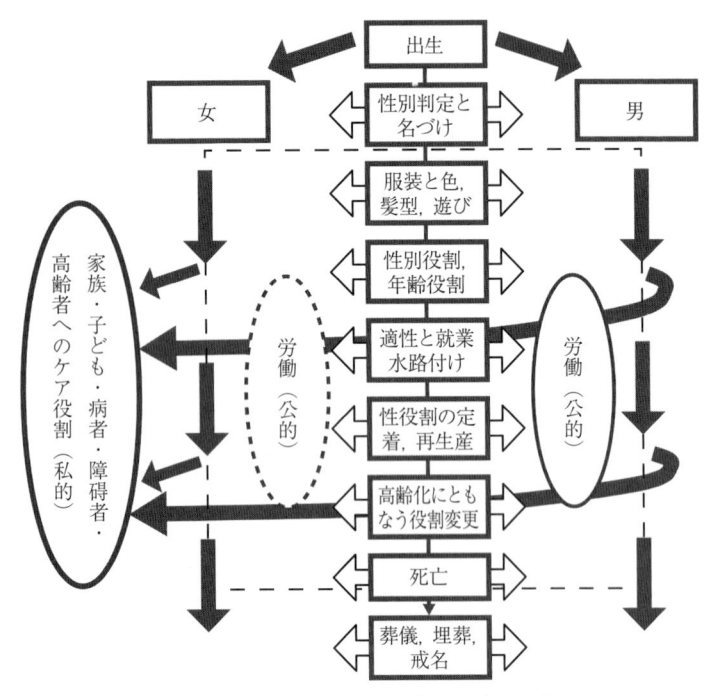

[図: 出生 → 性別判定と名づけ（女／男）→ 服装と色, 髪型, 遊び → 性別役割, 年齢役割 → 適性と就業水路付け → 性役割の定着, 再生産 → 高齢化にともなう役割変更 → 死亡 → 葬儀, 埋葬, 戒名。両側に「労働（公的）」、左側に「家族・子ども・病者・障碍者・高齢者へのケア役割（私的）」]

図 4-4　人間の成育とジェンダー形成

という「性の二分法」を前提とした社会規範に先導されながら，相互行為を展開している．当初における性別の判定にともなって，身につける衣服の形式，色，装飾品などが，大人のステレオタイプを背景に子どもたちに与えられていき，その反復によってジェンダーは定着していく．子どもが成長し，養育者からの影響が相対的に低下した段階でも，今度は友人たちとの相互作用を通して，ジェンダーが再生産され続ける．男子は「外」で活動的な遊びをし，女子は「内」でおしゃべりなど静的な遊びをするように周囲から期待され，そのように指導もされる．ジェンダーによってあらかじめ定め

られたように，男子は「働く」ことを自明な目標として，そのような進路選択を行い，女子は「家庭」とそれにともなう諸事への動機づけを高めていく．上野が示したように，とくにケア（care）が女性に期待されることになり，結果，女性のライフ・プランはこれに即して形成され易くなる．つまり，ジェンダーは「男」，「女」という「性の二分法」のもとで展開される相互作用によって形成されていき，それは人間が死ぬまで，いや，戒名などをも考えると，死んだあとまで影響を及ぼし続ける．

(3) 身体とメディア / 市場

メディアが「感覚の変容」を行うことを見てきたが，この時，どうしても「視覚」などの，脳に近い感覚器官が想定されやすい．しかし，人間の「脳」に対する信仰は，西欧的な思弁中心の，つまり理性中心の捉え方を再生産してしまう．「感覚の変容」とは，第一義的に身体感覚の変容であり，「聞くこと」，「触れること」にも関係している．このことを検討してみたい．

① 身体の社会性

あまり意識されないかもしれないが，私たちの身体は社会的に構築されている．

たとえば，ボードリャール（Jean Baudrillard）は，「消費対象としての身体」として，「客体」であり「モノ」としての「身体」を考察した．これは「理性」による「身体（というモノ）」への働きかけとして描くことができ，結果的に，エステ，痩身，化粧など，身体への商業資本の介入を招くことになる．

一方でフーコー（Michel Foucault）は，「身体の規格化」によって，

従順な身体をつくり出す権力支配を論じた．「規律・訓練」によって，身体を単なる懲罰の対象としてではなく，訓練し強制し活用することに主眼が置かれたのである．フーコーは「パノプティコン」（一望監視の牢獄システム）を取りあげ，権力者が命令するのではなく，自らが権威・権力に従属していくように仕向ける方法が採用されたことを述べる．これは，自発的服従のシステムであり，強圧的な命令でない分，反抗や反乱を招きにくい．「規律・訓練」と聞くと，軍隊などをイメージしやすいが，たとえば，寝坊をせず朝キチンと目を覚ますことや，ピンヒールを履けるようになることなどにも訓練は必要であろう．そのように訓練することによって身につけていくこと，それが社会の規範に合致する「規律・訓練」となる．

② 学校における身体管理の強化

なかでも，学校における「規律・訓練」は組織的である．カリキュラムと隠れたカリキュラムが相まって，私たちは学校においてさまざまな生活規律を身につけていく．事例を挙げてみよう．

・時間管理：学校の中の生活時間は管理されており，私たちはそれにあわせて行動をとるように義務づけられる．
・飲食管理：学校における飲食は基本的に昼食時と限られており，その時間も含めて身につけていく．
・姿勢管理：教室における授業態度や，行事における整列集合および動作（起立・礼・着席），行動や体育館における「体育座り」
・関わり方の技法：目上の者と話すときの作法，友だちとの会話方法と内容
・自身の評価基準：成績表，通知表などに示される成績評価が自己評価へとつながること

> ・期待される態度役割：どのような態度が求められるか
> 〈以下，ジェンダー関連〉
> ・男女別の制服：まず，男女が異なることを前提に，視覚的にも身体的にも異なった技法を習得させる
> ・男女別の立ちいふるまい：集合写真撮影時の注意で，男性は軽く足を開き，座った際は拳を握り膝の上へ，女性は足を閉じ，座って足があまったら左右に傾ける，手は開いて重ね合わせ腿の上へ置く

　私たちは以上のような「規律・訓練」の結果，社会人として，そして男性・女性としての立ち居振る舞いを身につけていく．それらは強制されたものとは感じられないが，社会的に求められる規範を学習していく，自発的服従の結果であることには注意が必要であろう．

③ 身体の捉え直し

　ところで，自我と身体はまったく別物なのだろうか．西欧における心身二元論は，とくに現象学で検討されてきたが，なかでもメルロ＝ポンティ（Maurice Merleau-Ponty）によって展開された議論は有名である（メルロ＝ポンティ 1967）．「身体は主体でもあり得る」．メルロ＝ポンティの身体論について，竹内敏晴は「手を出す」と「手が出る」との違いを例に説明する．前者は意図をもった自我によって操作される身体を表し，後者は，思わず知らず，からだによって引っ張られることを指す．この時，主体は「からだ」である．

　竹内は，野口三千三の身体論を例に生す．「生きている人間のからだ．それは皮膚という生きた袋の中に，液体的なものがいっぱい入っていて，その中に骨も内臓も浮かんでいる」（野口 1972：19）．このような捉え方は，西欧の解剖学的な知識からはあまり相手にされ

ないものであろう．しかし，野口はこのように続ける．

「人間の極めて多様な働きの中で，記憶・思考・判断・推理などの精神的な作用といわれるほとんどすべてが意識の世界の出来事であるために，人間は，人間の働きそのものを，すべて意識できるかのように思いこみがちである．(中略)意識で捉えることのできる事柄は，きわめてかぎられた一部の現象だけであって，意識にのぼらないままの，永久にその主人にさえ認められないままの働きこそ，むしろ，生きることにとっての基本的能力ではないかと思われてならない」(同上：13)．

竹内はメルロ＝ポンティに導かれて「こえ」と「ことば」についての考察を深める．メルロ＝ポンティは，深い情動の表現としての第一次言語と情報伝達を主とした第二次言語とを分け，第一次言語を本源的とした．竹内は，第一次言語を，声帯を震わせて発声する「こえ」すなわち「からだ」の一部とみなす．それでは「ことば」とは何か．それは端的に「ウソ」である．

④ 身体感覚の排除

ことばに不自由な存在は，自身のなかに動くものを，何とかことばにしようとあがく．それは存在の表現であり，体全体の呼びかけで，相手のからだに「じか」に届けようとする．ところが「一般の市民生活者いわゆる健常者の会話は，距離を測り，迂回する．裏があるから表がある．相手を支配するための策略を計算する．相手を傷つけないための思んばかり，という名目で自己防衛する礼儀作法ときまり文句と身ぶりがある．ことばの不自由なものが必死で発する声とことばは，礼儀正しく受けとめられ，防壁外で処理されて，相手のからだには届かない」(竹内 1999：13)

私たちは，人間の関係を限定したうえに社会を築いている．

　そこでは，存在としてのマイノリティは儀礼的に排除されるが，認識としての「身体」や「身体感覚」もそこに含まれる．ここでは根源的な「快」の感覚も，私たちは収奪されている．高谷清は水頭無脳症の子どもが「笑っている」と表現した看護師のことばから次のように考える．「脳の形成が無くても，脳が破壊されていても，本人が気持ちよく感じる状態は可能なのだ」(高谷 2011：52)．このような「快」を収奪し，ゆがめていくのが現代社会の特徴であるかもしれない．それは，「目標達成のための自己抑制」とか，「欲求の抑圧」として正当化され，理性主義と禁欲主義の優位を再生産する．近代医学は，生と死とを徹底的に分離し，「生」へ焦点化し「死」を排除した．この「生の特権化」は生きていること(のみ)に価値があるという認識に基づくが，「判断できる理性」が特権的に優遇された事態であることにかわりはない．私たちはそこに巻き込まれていくしか方法はないのだろうか．

　先に挙げた竹内敏晴は，「ウソ—虚構—であることばによって構築された礼儀や生活の実務やらの慣習の世界」から離れ，時には「落ちこぼれてゆくこと」を勧める．メディアがいかに媒介しようと，それがいかに細分化しようと，また，統合しようと，私たちは自らが感じられるこの「からだ」に拘り，そこを起点にするしかないのではないだろうか．「からだ」を捉え直すことは，「規範」の捉え直しと同意義である．社会化は「将来」にだけではなく，自身の基底にも拓かれている．ジェンダー以前の基底をどのように掘り起こすか，これも重大な課題ではないだろうか．

(4) 情報操作とメディア・リテラシー

最後に，メディアの内容について若干触れておく．「テレビは政治と民主主義を危険に晒している」と述べたのはブルデューであるが (ブルデュー, P. 2000：9)．それは，テレビが象徴的に，万人向けの，誰もが興味をもつような事実に興味を引きつけるからである．万人向けとは誰の気にも触らない事実，争点の無い事実，対立を起こさない，コンセンサスを生む事実のことで，そればかりに注意を集中させることで，実は貴重なことを隠蔽してしまう．この意味でメディア世界の見方の原理を押しつけている．その際，「内容」を操作するばかりでなく，「形式」，とくに，問題を切り取る視点，知識を組織化するあり方，問題の語り方，状況の定義を意味する「フレーム」にも及ぶ (Goffman, 1974)．

このようなメディアを読み解いていく志向はメディア・リテラシーと呼ばれる．「メディア・リテラシーとは，市民がメディアを社会的文脈でクリティカルに分析し，評価し，メディアにアクセスし，多様な形態でコミュニケーションを創りだす能力をさす．また，そのような能力の獲得をめざす取り組みもメディア・リテラシーという」(鈴木1997)．メディアを読み解くことによって新しい共同性を構築していくこともできる．それは，以下のコンセプトにも示されている．

○メディア・リテラシーのコンセプト
①すべてのメディアは構成されたものである
②メディアは「現実」を構成する
③オーディエンスがメディアを解釈し意味を読み取る
④メディアは商業的意味をもつ

⑤メディアはイデオロギーや価値観を伝えている
⑥メディアは社会的・政治的意味をもつ
⑦メディアの様式と内容は密接に関連している
⑧クリティカルな読みは創造性を育み，多様な形態でコミュニケーションをつくりだす

メディアによって発信される情報を単に消費するばかりでなく，メディアを読み解き，捉え直してそれを共有していくことで，ジェンダーを含む諸規範を超えて，新たな関係性を開くことができるかもしれない．

2 コミュニティとネットワーク

(1) コミュニティと共同体

社会学においてコミュニティが概念化されたのはマッキーヴァー (Robert Morrison MacIver) を嚆矢とする．マッキーヴァーによればコミュニティ (community) とは，一定の地域的範域において'自然発生的'な共同生活が行われる社会を指す．その後，コミュニティ概念はさまざまな論者によって多様に用いられるようになり，その概念定義も拡散していくが，それらを整理したヒラリー (G. A. Hillery) によると，諸概念に共通する特徴が2つあるとされる．ひとつが「地域性」で，一定の物理空間を範域とすること，2つめが「共同性」で，それが人びとの共同の社会生活の場であるということである．この「共同性」の内実はコミュニティ感情 (community sentiments) であり，それは，①共属感情 (we-feelig)，②果たすべき役割意識 (role-feeling)，③心理的充足感 (dependency-feeling) の三要

素からなっている という.

ところで現代において, ひとつめの「物理空間」は必須であるといえるのだろうか.

たとえば, マクルーハンが提起したグローバル・ビレッジとは, メディアが物理的空間や時間を飛び越えて, すべてを巻き込んでしまう結果として起こるものだった. 現代において, 「コミュニティの解体」といわれて久しいが, 一方で, 2007年に内閣府が行った「町内会・自治会等の地域のつながりに関する調査」によると, 町内会・自治会への加入率は89.2%にのぼっている. それでは, コミュニティの解体とは何なのだろうか.

(2) モダニティと脱埋め込み

先にも触れたように, A. ギデンズは, 「再帰性」によって乗り越えられた近代の特質を次のように示した (ギデンズ 1993 : 13-74).

① 時間と空間の分離:もともとは渾然一体だったが, 時計や暦が時間を定量化し, 地図が空間を定量化することで, 結果的に, 目の前の特定の状況 (生活世界としての地域共同体等) から人びとを解き放し, 合理化した組織を準備し, さらには歴史という知識を資源として充当利用する事が可能になった.

② 脱埋め込みメカニズムの発達:物々交換と異なり, 貨幣は時空間を超越することができる. また, 専門家は人格でなく, 専門知識によって信頼を獲得していく. すなわち, 貨幣を専門家は社会関係を前後の脈絡の直接性から切り離したのである.

③ 知識の再帰的占有:人は自らの行為の根拠と不断に接触. 知識の学習によって自分たちの行為は不断に修正され, それによって自分の生きる「世界」は更新されていく.

表4-1 前近代文化と近代文化における，信頼を伴う環境・リスクを伴う環境

	前近代	近代
信頼を伴う環境	1. 時空間を超えた，安定した社会的きずなを構成する装置としての〈親族関係〉 2. なじみ深い生活環境である〈場所〉としての〈地域共同体〉 3. 人びとの生活や自然界に関し，神の摂理的解釈をもたらす信念や儀礼の様式としての〈宗教的宇宙観〉 4. 現在と未来を結びつける手段としての〈伝統〉，つまり，可逆的時間における過去志向	1. 社会的きずなを安定化させる手段としての，友情や性的に親密な〈対人的関係性〉 2. 時空間の無限の拡がりを超えて関係を安定化させる手段としての〈抽象的システム〉 3. 過去と現在を結びつける様式としての〈反事実的〉未来志向的志向
リスクを伴う環境	1. 伝染病やあてにならない天候，洪水等の，自然災害から生ずる脅威や危険性 2. 略奪団や地方軍閥，山賊，盗賊による〈人的暴力〉の脅威 3. 〈宗教的堕落〉や，呪術の邪悪な影響というリスク	1. モダニティの有す〈再帰性〉から生ずる脅威や危険性 2. 戦争の産業化に由来する〈人的暴力〉の脅威 3. モダニティの，自我に働く再帰性に由来する，人格的〈意味の喪失〉の恐れ

(出所) ギデンズ，A. (1993)『近代とはいかなる時代か』而立書房，p.129 より部分的抜粋

「社会的世界について認識することが，その社会的世界の，不安定な，変化しやすい特質を促し」，「伝統の普遍的固定制」を徐々に開放する(同上：63-73)．この時，伝統社会の自明性は剥落し，共同体の範囲や一体感は再編されることになったのである．「共同体の崩壊」とは，実はこのようなことを指している．

このうえで，ギデンズは地域共同体について次のように述べる[2]．

「伝統的文化を近代文化と比較する際，社会分析で頻繁に示されるような夢想的な共同体観は避けなければならない」としつつ，前近代においては「場所」という「局所化された関係」が重要であっ

たと指摘する.「前近代のほとんどの状況では大半の都市を含め,現場という環境は,折り重なった社会関係が一群の束をなしている場所であり,したがって,社会関係の宇宙的拡がりの度合いの低いことが,社会関係の時間を超えた結束をもたらしていた.(中略)近代の交通手段が可能にした,定期的な密度の高い移動形態(さらには,異なる生活様式に対する認識)に比べれば,住民の大半は,総じて移動することもなく,隔離された生活を送っていた」(同上:129-130).このような「場所」が私たちの安心感に寄与していたのである.

ところが,この場所がもっていた優位性は,近代における「脱埋め込み」と「時空間の拡大」によって崩壊してきた.近代においては,「ローカルなものとグローバルなものとが解きほぐすことができないほどからみあうようになってきたのである」(同上:136).確かに,場所についての緊密な「愛着感情」や「帰属意識」は残っているものの,実はそれ自体が「脱埋め込み」を果たしている.この時,地域共同体は,なじみのある関係ではなく,拡大化した関係の局所的な表出でしかない.ローカルはローカルとして細分化されたままに置かれるのではなく,統合された環境に巻き込まれていくのである.

(3) ネットワーク論の展開

ウェルマンは(ウェルマン 2006),コミュニティ問題(The Community Question)の扱われ方について,まず最初に「〔行政区域など〕外的な基準によって地域の境界線を引いてしまい,次にこうした境界線内に協同的な相互作用と感情がどの程度存在するかを探索する」(同上:161)という認識が多かったと批判する.

これに対してウェルマンは「コミュニティ解放論」を唱え[3],「い

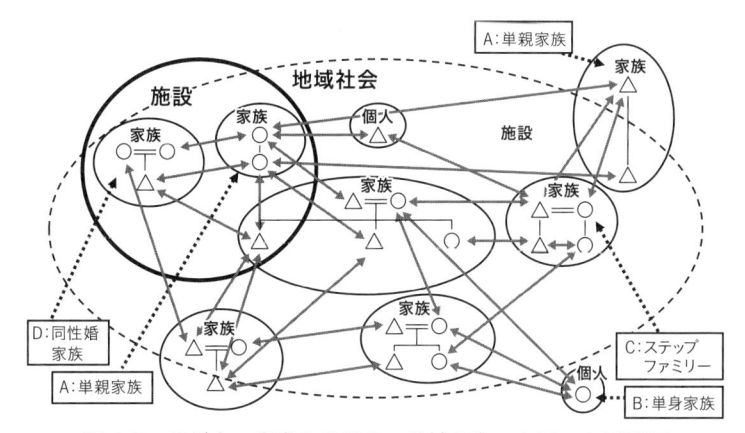

第 4 章 コミュニティとメディア 117

図 4-5 子ども・家庭から見る、地域のネットワーク展開図

まや第一次的紐帯は密に編まれた単一の連帯へと束ねられているわけではなく，まばらに編まれ，空間的に分散し，枝分かれした (ramifying) 構造をもつようになっている」とした．それは制度的に完結してもいないし，ムラ的な構造をもってもいないが，「まばらに編まれ，枝分かれした構造のために，産業化した官僚制社会システム上に分化して点在する様々な資源への直接的・間接的なつながりを広く提供することができる」．ここで重視されるのは，連帯したメンバーの「義務感」ではなく，二者関係の質や接触維持の容易さ，ネットワーク内の誰かが別の資源への間接的な繋がりを紹介できるかどうかなど,「複数のネットワーク間の結合の問題」(同上：166-167) である．

　上の概念図はウェルマンの指摘をもとに地域社会を俯瞰したものである．簡単に説明しておこう．

・地域を共同体や集団としてアプリオリに扱うのではなく，そこを生きる<u>個々人が取り結ぶ関係のネットワーク</u>として見なしていく．

このことから，地域性に限定されない，交流のネットワークを検討することが可能になる．
・地域社会に関与する人びとがすべて<u>地域住民</u>であるとは限らない．行政的な区割りを越えた関係のネットワークは存在する．
・公立の小中学校は基本的に地域に内属する．しかし，そこに関わるのは地域住民だけではない．
・子どもは学校が違ったとしても，地縁その他の関係により相互につながることも可能である．
・同様に，子どもの年齢にかかわらず，親は親としての関係を生きており，それは地域に内属するわけではない．
・家族の形態も多様である．核家族，拡大家族は言うに及ばず，単親家庭，シングルズ（単身者），ステップファミリー（子連れ再婚家庭），同性婚家庭などが存在する．（脱埋め込みメカニズム）

　次のことにも触れておきたい．ここで集団を越えた個々人を繋ぐ矢印は，見田宗介のいう「交歓する関係」を示している．これは生きる意味と喜びの源泉としての他者関係であり，もう一方の，相互の自由と生き方を尊重し互いにそれを侵さない「尊重する関係」とは異なるものである（見田 2006：177-179）．私たちはコミュニティの構成メンバーすべてと「交歓」するのは難しく，表面的な関係を取り繕いながら生きていかざるをえない．そして，それは，共同体ばかりでなく家族についても同様かもしれないのである．ひとつの家族が家族ぐるみで「交歓する関係」であるとは限らない．

　ことによると，このような論理はきわめて否定的で消極的に見えるかもしれない．しかし，それは私たちが単に受動的に生きるのではなく，自ら進んで新たなネットワークを構築していく主体になっ

たともいえるのではないか.

3 ネットワークと関係性の再編

(1) テーマ型コミュニティ

　コミュニティを以下のような対抗軸から問う視点がある（広井 2009：11-27）.

　①「生産のコミュニティ」と「生活のコミュニティ」：職住分離と関係
　②「農村型コミュニティ」と「都市型コミュニティ」：共同体への一体化と孤立した個人の集合
　③「空間コミュニティ（地域コミュニティ）」と「時間コミュニティ（テーマコミュニティ）」

　最後に示した③の「テーマコミュニティ」は，NPO，協同組合，社会事業家などのミッション志向型コミュニティのことを指す．これは，ネットワーク論におけるコミュニティとして位置づけることもできよう．

　広井によればその成立背景には，「（経済）成長」ないし「物質的な富の拡大」という目標がもはや目標として機能しなくなったことが挙げられている（広井 2001）. 経済成長を目標としない（できない）「定常型社会」において，豊かさを実現していくのはどうすれば良いか．将来的な人口減少は必然であるから，それに備える社会の仕組みも必要になる．私たちは「過疎」ということばで現象をネガティブに捉えがちであるが，そこは「適疎」とする発想の柔軟性も必要だろう（広井 2009：30）.

　同様に，山崎亮は「コミュニティデザイン」という観点から，同

じテーマに興味をもつ人たちに呼びかけて,「テーマ型コミュニティ」を立ち上げる.

このとき, 山崎が注目するのは「活動人口」である.「定住人口が減っても, 市民活動などに関わる人たちが増えていれば, まちは豊かになるのではないだろうか. 活動人口が増えれば人のつながりが増えることになり, 孤立化していた市民がひとまとまりのコミュニティを形成することになる. まちの元気度合いを測る数値は定住人口と交流人口だけではなく, 活動人口もあるのではないか」(山崎 2012：10).

山崎は住民ニーズの変化も指摘している. ひとつには「まちのことは行政にお任せ」といっていられないほど財政予算が逼迫し, 自分たちでやるしかないという事情が現出したこと, もうひとつは, つながりのなさが行き着くところまでいって, 逆にもう少しつながりたいと思う人が増えてきたことである. ただし, これは昔の強い繋がりを取り戻そうとしているわけではない.「どれくらいの強度ならば快適なつながりなのか, 僕たちはいま, コミュニティデザインという方法を使って"いいあんばいのつながり"がどのくらいの強度なのかを探っているところだ」(同上：10-11).

行政も住民も含めたつながりのデザイン, それがコミュニティデザインである. そして, このニーズは増しているという.

(2)「女縁」ネットワーク

このようなつながりのあり方を, 上野千鶴子は「女縁」と呼んだ.

もともと, 住民運動の主体は主婦化した女性たちだった. 職住分離の結果, 地域と密接な繋がりをもつようになった女性たちは, 家族の問題や地域の問題を通して, 生活不安, 環境問題, 子育て問

題，高齢者問題などに関わる機会が多く，それが「草の根」レベルの運動として展開されてきた．たとえば，1950年代の保育所運動，1970年代の産地直送運動，それらに遡り，大正期や40年代，50年代に取り組まれた生活改善運動（〜食）なども主体は女性であった．

家の奥にいる「奥さん」ではなく，「兼業主婦」として働きに出たり，「脱専業主婦」としてPTA，公民館活動，おけいこごと，スポーツ，市民運動など，出かける先を自分で作り出すようになった．

上野によれば，「街づくりを主導する行政やデベロッパーは，こういう主婦の活動をコミュニティづくり，地域活動と呼びたがるが，これはむしろ旧来型地縁・血縁の人間関係が解体したあとに生まれた，新しい都市型のネットワークである」(上野 1988：18)とし，これを自らが選んだ縁として「選択縁」と呼んだ．このような，女性たちが先行的につくり出した選択縁の集団を「女縁」と呼び，「女縁」活動を生き生きと楽しむ女性たちを，文字を引っくり返して「えんじょ（縁女）いすと」と名づけた．

「えんじょいすと」の活動と特徴をまとめると以下のようになる．

○活動
・活動を自らつくり出し，それをエンジョイする．(→えんじょ（縁女）いすと)
・拘束性のない集団をつくり，さらに個々でその関係をえらぶことができる．(選択縁)
・個人の名前で出る（夫や子のことを話すのはタブー）
○活動傾向
・昼行性（夫が居ないから外出できる）「亭主元気で留守」
・家族の個食は活動に有利（いちいち付き合わない）ただし，15の春（子どもの高校受験）は休業する

> ・子どもは「葵の御紋」(子どもも理由にして活動に出かける) PTA や子ども関連の会合への出席など

　以上の特徴は先の節で触れた「テーマ型コミュニティ」に近いといえる.

　そして，この活動の発展型として，ワーカーズ・コレクティブを位置づけることができる．ワーカーズ・コレクティブの全国組織である WNJ (Workers' Collective Network Japan) では，ワーカーズ・コレクティブを次のように説明する[4].

> ワーカーズ・コレクティブとは,
> 1. 共同で事業をおこなう組織です.
>   1. 何人かで力を出し合って働きます.
>   2. みんなが経営者としての意識を持ち，運営し，話し合いで決めていきます.
>   3. 必要な資金は全員で出しあいます.
> 2. 事業を大きくしていくことが目的ではなく，地域に必要とされるニーズを掘り起し事業にして，その収入で人件費や運営費をまかない，継続していく組織です.
>   (中略)
> 全国で 500 以上のワーカーズ・コレクティブが事業を行っています.
> ・食　安全な手作りの食を提供
> ・高齢者・障害者支援　年を取っても，障害があっても住み慣れたまちで暮らすための支援
> ・子育て支援　子どもや子育て中の親を支援
> ・市民文化　市民のための生活・文化関連事業
> ・環境事業　リサイクル，エコロジーの生活提案
> ・情報発信　市民のための情報発信事業
> ・生協委託業務　協同組合活動を支える

> 配送,組み込み,事務,店舗運営,施設管理

　このようなワーカーズ・コレクティブの活動にはどのような可能性があるだろうか.

　ひとつには,活動を通した主体形成がある.もともとは専業主婦で,受動的な消費生活者であったとしても,自分たちの生活に向き合う機会を活用して「生活主体」となり,仕事に参加することで「労働主体」へ,そして社会問題への対応から「政治主体」へと展開していく可能性もある.これは,生活の場からの変革であり,現在の社会システムにおいて周辺化された「下」(ボトム)からの発信ともなりうる.

4　ネットワークの重層性と関係性

　私たちはメディアが流通する社会において,感覚は統合されつつも,他者との関係における連帯,連携には至っていない.

　以前,人間関係のモデルを次のように示したことがある(春日 2009b:110).この図は,第1節の(3)で取りあげた関係を複数人に拡げたものである.

　私たちは自身をとりまくさまざまな人びととの関わりを一方的に拡大し,しかも自身を中心とした宇宙を想定してしまいやすい.しかしながら,出会うすべての人と総当たり的に人間関係を拡大するのは骨が折れる.だからといって,逆に,自身で操作可能な範囲に関係をとどめる必要もない.新たな「出会い」に背を向け,自身の世界に引きこもるのは少々もったいないように思える.確かに,人間関係の葛藤は面倒に感じられることもあるかもしれないが,関係

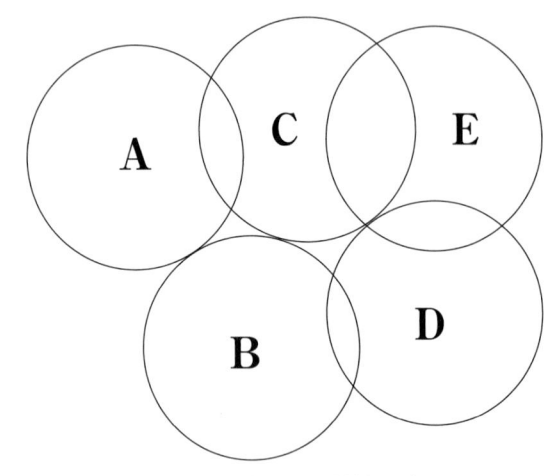

図 4-6　現実の人間関係モデル

性を多様に展開することによって「ひらかれる」地平もあるかもしれない．たとえば，自分の親友や恋愛のパートナーであったとしても，自分が知らない関係を他にもっていることは「事実」であるし，それを認めることは必要だろう．自分との関係を最優先するよう相手に求めることはできても，強制することはできない．そしてこのことは相手や他者からの自身への期待についても同様である．

　どのような関係であれ，私たちは人間関係の一方の当事者である．そこにどのような期待や希望を織り込むのか，それは個々の自由だろう．しかし，それが実現するかどうかは関係性による．ジェンダーを含めた規範に埋没するのではなく，周囲の存在とどのような相互作用を展開していくか，関係性を問うことの意義はここにある．

注
(1) 実は，ギデンズが示した再帰性とは，著作においては「近代の特質」とされている．ギデンズにおいては近代が現代に連なる時代区分であり，現代とはその延長線上にあるとされ，考察の対象から外されていることに注意が必要である．ギデンズのいう近代はマクルーハンのいう現代，つまり電気時代のことである．
(2) 因みに，ギデンズの前近代とはマクルーハンの言う「口誦文化の時代」に対応し，近代とは「文字文化」と「電気文化」が混在している．
(3) コミュニティ解放論とは，コミュニティ喪失論，コミュニティ存続論とは異なり，第一次的紐帯が存続し，その重要性を失っていないことを認めるが，「密に編まれ，しっかりと境界づけられた連帯というかたちで組織されることはなくなっている」(ウェルマン前掲, p.165)とする．
(4) WNJ ホームページ http://www.wnj.gr.jp/

引用・参考文献
上野千鶴子，電通ネットワーク研究会 (1988)『「女縁」が世の中を変える』日本経済新聞社
上野千鶴子『家父長制と資本制』岩波書店, 1990
大平健 (1995)『やさしさの精神病理』岩波新書
春日清孝 (2009a)「"私"とは誰か」佐藤典子編『現代人の社会とこころ』弘文堂, pp.68-77.
春日清孝 (2009b)「人間関係はむずかしい？」佐藤典子編『現代人の社会とこころ』弘文堂, pp.87-111.
ギデンズ，A. (1993)『近代とはいかなる時代か』而立書房
ギデンズ，A. (1989)『社会理論の最前線』ハーベスト社
鈴木みどり編 (1997)『メディア・リテラシーを学ぶ人のために』世界思想社
高谷清 (2011)『重い障害を生きるということ』岩波新書
竹内敏晴 (1999)『癒える力』晶文社
竹内敏晴 (2007)『声が生まれる』中公新書
土井隆義 (2008)『友だち地獄』ちくま新書
野口三千三 (1972)『原初生命体としての人間』三笠書房
バーガー，P.L 著，安江孝司訳 (1979)『バーガー社会学』学習研究社
パーソンズ，T. & R. F. ベールズ (2001)『家族―核家族と子どもの社会化』黎明書房
ウェルマン，バリー著, 野沢慎司編・監訳 (2006)「コミュニティ問題」『リーディ

ングス・ネットワーク論』勁草書房, pp.159-200
バンデューラ, A. (1985)『モデリングの心理学――観察学習の理論と方法』金子書房
広井良典 (2001)『定常型社会』岩波新書
広井良典 (2009)『コミュニティを問いなおす』ちくま新書
ブルデュー, P. (2000)『メディア批判』藤原書店
マクルーハン, M. (1987)『メディア論』みすず書房
マクルーハン, M. & E. カーペンター (2003)『マクルーハン理論』平凡社ライブラリー
見田宗介 (2006)『社会学入門』岩波新書
ミード, G. H., 稲葉三千男他訳 (1973)『精神・自我・社会』青木書店
メルロ゠ポンティ, M. 著, 竹内芳郎・小木貞孝訳 (1967)『知覚の現象学1』みすず書房
山崎亮 (2012)『コミュニティデザインの時代』中公新書
リップマン, W. 著, 掛川トミ子訳 (1987)『世論 (上)』岩波文庫, pp.109-212 (「第三部　ステレオタイプ」)

Goffman, Erving (1974) *Frame Analysis: An Essay on the Organization of Experience*, Harvard University Press.

Hillery, G. A. (1955) *Definition of community: Areas of agreement, Rural Sociology*, Vol.20.

Will, J., P. Self & N. Datan (1976) "Maternal behavior and perceived sex of infant", *American Journal of Orthopsychiatry*, 46.

第5章 「自立・共生」を超えて
―ジェンダー論的展開可能性の検討―

はじめに―自立と共生を問う理由と意味―

　私たちは「自立」することをしごくあたりまえなこととして捉え，自らもいずれは「自立」した存在になるだろうと何となく予測している．しかし，それではその「自立」とは何なのだろう．どういう状態を指すのだろうか．あらためて考えてみると，「自立」をうまく説明できない自身を発見することになる．

　講義で「自立とは何か」と質問することがあるが，それに対して帰ってくる答を纏めると以下のようになる．
・親の援助から離れて，自分の稼ぎで生活ができること．
・生活全般について，誰かに依存するのではなく，自分自身で判断できること．
・誰かに振り回されるのではなく，自身で判断して決めることができること．

　以上のようなイメージを，それぞれ「経済的自立」，「生活自立」，「精神的自立」と呼べるだろう．私たちにとってなじみのある，このようなイメージは，4章で触れたように社会化の過程を通して私たちが身につけてきたものである．

　関連して，「それでは現在，自分は自立しているかいないか」を

質問すると,多くの反応は否定的になる.「親にお金を出してもらっているから」,「自分ひとりで生活できる自信がない」,「いまの自分では,きちんとした判断をくだせない」,等々,自分自身の生き方や在り方の未熟性がイメージされているようだ.あえてそのことについて,「自分は現在,大人だと思うか,子どもだと思うか」という質問を繋げると,圧倒的多数が自分自身を「子ども」とみなしている.また,自立についての動機づけにジェンダー差があるようにも見える.

本章を先取りしていうならば,「自立」と「依存」の二項対立のうえで,「依存」することは「未熟」であることであり,将来的には克服すべきと見なされているようである.しかし,「未熟」や「依存」を排した「自立」は,本当に可能なのだろうか？

一方で,「共生」も近年よく耳にすることばのひとつである.グローバル化が進む現代においては異文化と接触する蓋然性が高まっていることから「多文化共生」という文脈で用いられることが多いが,そのこともよく考えてみると,「文化」や「民族」というカテゴリーを自明の前提にしたうえで,「自」と「他」の線引きが「あたりまえ」のように流通しているように見える.しかし,そのようなカテゴリーを排した,個々の「共生」はあり得ないだろうか.

さらに,「共生」は「差異」をどのように扱うのだろうか.「自」と「他」とのあいだの「差異」,たとえば,文化や考え方の独自性について,それを認めて「引き受けていく」のか,それとも互いの「差異」を視野の外に置く,つまり見ないようにして関わることなのか.前者は「異質性」を前提とした関係性を志向し,後者は「同質性」を希求することになるだろう.このことは,「人それぞれ」ということばの用いられ方に端的に表れているので想起して欲しい.

第5章 「自立・共生」を超えて　129

私たちは，どちらの意味で「共生」を構想できるのだろうか．

以上のように，本章では，「自立」と「共生」を捉え直し，そこを切り口に現代社会の問題を再検討していく．その際，ジェンダーという社会構造がどのように実現されているか[1]，それをどのように超えていけるのか，問うべきはここである．

1　強いられる自立――自立の批判的検討

(1) 福祉領域における自立概念の再検討から

平成16（2004）年4月20日に厚生労働省で開催された「第9回社会保障審議会 福祉部会」において，「自立」について次のように議論された．まずはここを糸口としたい．

この審議会で当日配布された「社会福祉事業及び社会福祉法人について（参考資料）」では，「自立」は次のように説明されている．「"自立"とは，"他の援助を受けずに自分の力で身を立てること"の意味であるが，福祉分野では，人権意識の高まりやノーマライゼーションの思想の普及を背景として，"自己決定に基づいて主体的な生活を営むこと"，"障害を持っていてもその能力を活用して社会活動に参加すること"の意味としても用いられている」．

ここでは，「他の援助を受けず」という点よりも，「自己決定」，「主体的な生活」，「社会活動に参加」ということばが指し示す方向が重要であろう．「脳性マヒ者等全身性障害者問題に関する報告」(1982)では「労働力として社会復帰が期待できない重度障害者が社会の一員として意義ある自己実現と社会参加を果たそうとする努力を社会的に位置づけようとする」ことが自立とされるが，同時に「自らの判断と決定により主体的に生き，その行動について自ら責任を負う

こと」という「自己責任」も示されている．行政の権限と責任による「措置制度」から，利用者責任による「利用契約制度」への転換を受けて，「今日の社会福祉の理念」は，「本人が自らの生活を自らの責任で営むことを基本としつつ，それだけでは生活が維持できない場合に必要な援助を行うという考え方（「自立支援」）⇒こうした理念を具体化したものとして，福祉サービス利用者の自己選択，自己決定の実現を目指す仕組みの構築」とされる．つまり，自己責任として生活し，それでも不足な場合（のみ）公的なサービスによる援助を行うという方向性が示されたわけである．

この審議会の座長を務めた岩田正美は，社会的に排除された存在に対する「社会的包摂（ソーシャル・インクルージョン）」が，社会を統合させ安定させていく方法であることを，ルース・レビタス (R. Levitas) の3類型に依りながら紹介している（岩田 2008：167）．第一は「再分配派の議論」であり，これは，資源や市民権の不平等に着目し，それの再分配を求める動向である．次に「モラル派の議論」では，モラルの欠落こそが問題とされ，福祉へ依存するのではなく，労働市場への参加が促される．最後に，「社会統合派の議論」とは，労働参加を強めることで，経済効率に資するように参加させることが社会的包摂に結びつくという主張である．現実の包摂戦略は，「社会統合派」に「モラル派」を付け加えたものが主流となっているといわれる．

岩田によれば，日本では「労働参加」が「自立支援」というキーワードのもとに強調されることが特徴であるという．「ここでは，排除された人々のモラルを問う声が強く，また所得保障の条件としての就労義務＝ワークフェアばかりでなく，ワークフェア以前の，所得保障なき就労支援が強調されている点に大きな特徴があ

る」(同上：169).

　このような「労働参加」の強調は，先に触れた「経済的自立」が規範として求められているからだけではなく，その背後にある「労働市場」のニーズが背後にあるように思えてならない．

　近代社会の管理システムが，「監獄」や「学校」を通して「従順な身体」を作り出すと論じたのはミシェル・フーコーだが，「労働」も同様の管理システムと考えてよい．先に 4 章で触れた，二項対立的なジェンダー形成は，現代における「市場」と「労働」とを背景として成立しており，私たちは「規律・訓練」を通して「規格化」され，市場に組み込まれていく．言い方を変えれば，「労働」の結果としての「自立」は，個々人の「自立」を目的にしているように見えて，その実「労働（力）」の調達という市場のニーズに枠づけられているようにも見える．そして，社会化を通して，私たちは現代社会のシステムに「自発的服従」していくことになる．

　それでは，「自立」とは何なのだろう．その自明性を問いなおす意味はありそうである．

(2) 自立のパラダイム転換

　冒頭で触れたような，「自立」イメージを逆転させてみよう．「自立」とは一体，どのような人びとに求められ，どのような存在には求められないのだろうか．

　現代社会においては自らが収入を得ること，すなわち「経済的自立」[2]が重要になる．平たくいえば「働くこと」と「収入を得ること」だが，それでは，現代社会において皆が平等に働くことができているか．端的にいって，子どもはそのような「労働」からは除外されるし[3]，高齢者も「定年制」[4]によってそれは妨げられる．障碍者につ

いても就業状況は一般的な就業率を大きく下回っている[5]．すなわち，ここで「自立」とは「働くことが可能な成人の大人」を前提にした概念であると理解することができる．

中西正司と上野千鶴子は，この「自立」概念について，以下のようなパラダイム転換を行った．

> ふつう私たちは「自立」というと，他人の世話にならずに単独で生きていくことを想定する．だがそのような自立は幻想に過ぎない．どの人も自分以外の他人によってニーズを満たしてもらわなければ，生きていくことができない．社会は自立した個人の集まりから成り立っているように見えて，その実，相互依存する人々の集まりから成り立っている．人生の最初も，最期にも，人と人とが支え合い，お互いに必要を満たしあって生きるのはあたりまえのことであり，だれかから助けを受けたからといって，そのことで自分の主権を侵される理由にはならない．
>
> 人びとが相互依存して生きている社会で，他人の助けを得ないことが，なぜ理想とされるのか．誰からも助けを得ない人は，豊かな人生を送っているとは言えない．障害を持った人が，必要な助けを必要なだけ得られる社会は，どんな人も安心して生きていける社会だ．それは障害の有無にかかわらず，私が私の人生の主人公であることを貫くためである．障害者運動から生まれた「自立」の概念は，非障害者を標準にできあがった，それまでの「自立」観を，大きく変えた．
> （中西・上野 2003：7-8）

私たちがあたりまえのように考えている「自立」が実は非障碍者を標準としていたという認識は重い．

「自立」とは，個人と社会との関係におけるひとつの選択肢ではあるが，絶対的な基準とは言い切れない．「他人の世話にならない」ことは，裏を返せば「孤立」や「孤独」ということでもある．にもかかわらず「自立」が求められるのは，近代社会の管理システムに

おいて，個々人が単品の「労働力」としてみなされ，その品質の維持が暗に義務づけられているからではないだろうか．人間と人間との関係が，そこに媒介するモノとモノとの関係に転化することを「物象化」(reification)というが，人間を労働力とその生産性によって規定していくとするなら，それは物象化の典型例であるといえる．

このことを「主婦」という存在から問い直してみよう．「経済的自立」という観点からは，主婦は逸脱しがちである．この件については，1950 年代以降，「主婦論争」で継続的に議論されてきたことではあるが，少なくとも「自立」していると判別される可能性は低いだろう．このことには，女性が「主婦」という立場に囲い込まれる現代社会の構造上の特性が大きく影響を与えている[6]．

重要なのは，「自立」を考えて一度立ち止まってみることであろう．その際，「自立できない」とされる存在を想定し，その裂け目がどのように構造化されているのかを検討するのがわかりやすい．注意が必要なのは，それを安易に「差別」や「偏見」に結びつけないことであり，さらには，そのような「差別」や「偏見」を，私たち自身が当事者として再生産しないことであろう[7]．中西・上野(2003)の指摘は，「自立」について私たちが抱く「ドクサ」(doxa：思い込み)を根元的に解体させる衝撃力をもっていた．

(3)「依存」の重要性

誰かに助けられても「自立」することができるという主張は，実はかなり以前から主張されていた．当初において，それは「依存」の問題として提起された．

西洋市民社会において重視されるのは自立的な(道徳)主体であり，これを前提にしたコールバーグ(Lawrence Kohlberg)は，道徳

性の発達において，女性は男性より劣っているという調査結果をまとめた．しかし，コールバーグに師事していたキャロル・ギリガン (Carol Gilligan) はこの見解に反対し，女性は，男性の志向する「平等」で「普遍的」な道徳とは異なった，他者との関係性に定位した判断を行うのだと主張した．自律的な主体を評価し，その上に展開される「正義の論理」を重視したコールバーグと，それぞれの関係に留意しながら，個別の状況に応じた対応を行う「ケアの倫理」に注目したギリガンとでは「道徳」の内容規定が全く異なったものになっている．ギリガンの主張の重要性は，規律や正義をアプリオリに前提とするのではなく，『もう一つの声』(ギリガン 1986) によって正義や規律の在り方を相対化したことにあった．

ただし，このギリガンの論点は必ずしも好意的に受けとめられたとは言いがたく，女性をケア役割に縛り付ける（つまり女性の「自立」を遠のかせる）ものとしてフェミニストから批判されてもいる（上野 1995）．

同様に「ケアの倫理」を重視したエヴァ・フェダー・キテイ (Eva Fader Kittay) は，人間の「依存」性を中心に議論を展開する（キティ 2010, 2011）．人間は，その動物的な特性から，人生初期において誰かにケアをしてもらわないと存在し続けることが不可能であるという事実からキテイは始める．これは，自身の子どもが障碍をもっており，そのケアに携わったことを起点としたからである．人間の依存は不可避的である．にもかかわらず，「正義の論理」はその依存者を排除した論理構築を行うばかりか，その依存者をケアする「依存労働」をも社会的に用意してこなかったと批判する．人間の依存性が全域的なものであるならば，「自立的な市民」など存在するはずがなく，逆にそれが可能であると仮構するロジックは「依存」を

排除し，隠蔽さえしてきたともいえる．社会はその存続のためにも，ケアのニーズを受けとめ，依存労働者を支える義務を負う．それが，「ケア」と「正義」とを架橋する道である．キテイはおおよそ以上のようなことを主張した．

「ケアの倫理」が主張されるようになってきた背景には多様な要因があるが，ここでは2つ，「福祉国家の再編」と「現代家族の臨界」という二点を挙げておきたい．

まず，「福祉国家」(Welfare State)とは，社会保障制度の整備を国家の責任と財源によって行うシステムである．それは一方でケインズ(John Maynard Keynes)による政府の強制介入と雇用創出を旗印に，他方で，あらゆる国民に対する生活保障を行うというベヴァリッジ(William Henry Beveridge)の見解に基づいて成立したものであることから，この体制は「ケインズ＝ベヴァリッジ型福祉国家」とも呼ばれる．資本主義システムで成立した「福祉国家体制」は，「経済成長」とそれにともなう「パイの拡大」を前提にしていたが，低成長期に入り，国家の財政負担が大きくなるとその見直しが図られ，給付の縮小が検討されるようになった．あわせて，経済システムがグローバル化したことによって，国家の在り方そのものが国際市場の影響を受けざるをえなくなり，「福祉国家体制」の揺らぎに拍車をかけている．[8] もともと「正義の論理」は独立した国家を前提とし，その内部における「不正義」を克服するための「再分配」を強調する側面があったといえるが，政治的，経済的なグローバリゼーションは，「国家」の外延と「国民」という内包とがともに問われつつある．「難民」という形での「国家の遺棄」が顕在化しつつある現在，「正義」をどのような基盤に立ち上げるのかは重要な検討課題であろう．

次に，家族の変容について確認しておきたい．かつて落合恵美子は近代家族の特徴として以下の8点を挙げた（落合1989）．

```
1  家内領域と公共領域との分離
2  家族構成員相互の強い情緒的絆
3  子ども中心主義
4  男は公共領域・女は家内領域という性別分業
5  家族の集団性の強化
6  社交の衰退とプライバシーの成立
7  非親族の排除
8  核家族
```

すでに，家族の「脱制度化」，「個人化」といわれて久しいが，現代において「集団としての家族」，「集権化された家族」は，家族の構成メンバー個々の意向やプライバシーと齟齬をきたしつつある．個々の構成員の意向が優位に立つなかで，家族の在り方そのものも多様化しつつあるが，しかし一方で，「集団としての家族」の「ケア機能」に対する国家からの期待はいまだに健在である．

下夷美幸によると，日本における家族政策は，国家や制度を守るための家族の規制・統制という側面が第一義とされるという（下夷2001：10）．1978年の『厚生白書』はその結びで，家族について「同居という，我が国のいわば"福祉における含み資産"とも言うべき制度」と記したことが批判されたが，これは国家における本音であるだろう．とくに財政的な側面から，成員に対する「無料の」ケアが期待されていた（いる）ことを記憶しておく必要がある．保守系の政治家が，家族の一体性や相互扶助の強調，それとは逆に「夫婦別姓」へのバッシングを行うことには理由がある．

現実の問題として，家族の変容にともなう施策が展開されつつある．たとえば，日本における「高齢者」や「子育て」に関連した施

策は90年前後から展開されるようになったが，これらを「家族機能の社会化」と捉えるならば，「脱制度化」もすでにこの時期には始まっていたと考えてよいだろう．「家制度」など，「集団としての家族」が自明であった時代を超え，現在の家族は，個々のメンバーがどのような関係を構築／形成するのかを主体的に選択する裁量が拡がりつつあるといえるのかもしれない．

　私たちは，完結した個々人が「自立」した社会ではなく，逆に「国家」に全面的に依存するのでもない，人と人とが関係を取り結びつつ生きていくということに定位して，いわば関係主義的な「自立」を構想していく必要がある．同時に，これが現代社会の社会システムに構造的に埋め込まれた問題である以上，団体や集団，機関，組織，国家そして制度の問題を，「関係」という観点から再構築していく必要があるだろう．これは，「共生」をどのように実現するのかという問いに繋がる．

2　共生の困難

(1)「共生」の展開

　「自立」と同様，「共生」についても，まずはターミノロジーの検討からはじめてみよう．私たちは「共生」ということばをどのような意味で用いているだろうか．単純にいえば，「共生」とは「共に生きること」だが，それよりも用いられ方の文脈が重要である．たとえば，3.11の「東日本大震災」以降，全国的な規模で巻き起こった「絆」や「繋がり」など，相互扶助を志向した働きかけは記憶に新しいところであるが，これもある意味で「共生」の用いられ方と類似しているように思える．だが，そこには簡単にはいかない問題

も潜在している (駒井・鈴木 2012). 表面的な「絆」の合唱だけでは実現できないような,「共生」の問題点があることを確認しておきたい.

○ 施策としての「共生」

次に,「共生」の制度的な位置づけを確認しておきたい.

日本において「共生」が政策的な用語として登場するのは, 中央省庁の再編にともない設立された内閣府の内部部局に「共生社会政策担当」という統括官が置かれたことに始まる (2001年). ここでは, 社会生活上「共生」に関わる (と見なされる) さまざまな分野について, 各府省の連携を確保することが主な役割であった. 当該HPでは次のように説明されている.「国民一人一人が豊かな人間性を育み生きる力を身に付けていくとともに, 国民皆で子どもや若者を育成・支援し, 年齢や障害の有無等にかかわりなく安全に安心して暮らせる "共生社会" を実現することが必要です. このため, 内閣府政策統括官 (共生社会政策担当) においては, 社会や国民生活に関わる様々な課題について, 目指すべきビジョン, 目標, 施策の方向性を, 政府の基本方針 (大綱や計画など) として定め, これを政府一体の取組として強力に推進しています」[10]. そこで扱われている内容は多岐にわたり[11],「共生」の概念の戦略的な方向性はみえてこない.

ただし, 2005 (平成17) 年6月に纏められた『「共に生きる新たな結び合い」の提唱』という報告書では,「共生社会」について,「共同体意識が弛緩し, 地縁や血縁に基づくつながりが弱くなったといわれる現代社会において, それに代わる冒頭で触れたような (ボランティアや市民による自発的な活動:筆者註), 新たな人と人との関係性によって結びつけられる社会の在り方」と定義づけられた.

ここで言われている「共生」とは，個人を直接の単位とし，個々人が主体的に取り結ぶ人間関係とそこでの取り組みが，結果として経済社会の発展や社会の豊かさに連続しているというおおらかなものである．ただし，自由主義，市場経済，高度情報化を無批判に称揚する傾向もあり，それは既存の共同体についての厳しい見方，たとえば，「伝統的な共同体は固定的で制約的な関係であり，その制約から解放されることで，逆に主体的に地域づくりに参加できる」という認識などに見られるように，「市町村合併」を推進する「構造改革」の延長線上に，「共生」が無理やり接ぎ木されているようにもみえる．

少なくとも，これだけはいえそうである．「共生」とはその用いられる文脈によって内実は大きく異なるものであり，語感の美しさや理想的な響きに惑わされない，具体的な検討が必要であるということである．

(2)「共生」の捉え直し

それでは，「共生」ということばがどのように，扱われてきたか，いくつか検討しよう．

1)「共生」批判

「共生」を学問的な見地から批判的に検討した小内透の論考をあげる（小内1999）．

> 多くの分野で使用されている共生概念は必ずしも厳密に定義されたものとはなっていない．共生概念は心地よい響きを持つスローガンや修飾語として用いられる場合が多く，共生概念の濫用といっても

言いすぎではない状況が生み出されている．共生ということばが用いられることによって，深刻で複雑な問題の本質が見えにくくなる状況さえもたらされる可能性がある．本来，回避するのが困難な矛盾・対立・緊張の契機をはらんだものどうしの関係を，矛盾・対立・緊張の克服の道筋を厳密に描くことなく，共生の一語で問題の解決が可能ともものとみなしてしまう機能を持つ場合もある．

(小内 1999：123-124)

小内は従来の「共生」概念について，4点にわたる弱点を指摘し，それの克服を提言した．

①多様性の確保：「さまざまな共生の内的特質あるいは共生の多様な状態についての考察が弱かった」．「共生」の本質規定の試みは，「唯一の共生概念」の確立を目指すあまり，多様性に注意を払ってこなかった．人間社会に存在しうる多様な「共生」の形態を考察するという視点が重要である．

②「共生社会」全体像の提示：「共生の現実と理想の違いを含めた人間社会における共生の全体像を描こうとする視点が弱かった」．これも同じく，唯一の共生概念の確立を目指す試みが，「共生」のあるべき規範としての理想形態を求めたことによる．「共生」の理想像を現実の社会や関係の中に位置づけ．「共生社会」の全体像を描くことがその実現に繋がる．

③社会システムとの接続：「社会システムないし制度の側面に関わる共生と日常生活ないし人間関係の側面に関わる共生の違いが十分に認識されていなかった」．従来の議論は人間関係に焦点化したものが多く，社会構造や制度に関わる側面が弱かったため，結果として「心がけ論」に終わることが多い．制度と生活レベルとの関連を検討する必要がある．

④「共生」の限界：共生概念の導入にあたって「ほぼ無制限にあ

らゆる領域に積極的な意味を持つものとして適用される傾向が強い」．現代社会の矛盾や対立，緊張は「共生」の一語によって解決できるかのように見なされる傾向があるが，それが導入される領域によって共生の意味は違ってくる．共生概念の社会への無批判な導入は現状の問題を隠蔽する「保守的なイデオロギー」になる可能性がある．「人間社会に共生概念を導入するにあたっては，いかなる領域に即して共生概念を用いるのか，またそれがいかなる問題や意義をもちうるのかを考慮する必要がある」．

　小内は以上のような問題提起をしたが，それは「共生」を否定するためではなく，その具体的な展開を実現するための諸手続としてであろう．今後，必然的に「共生」が求められる時代が到来することを予見し，その時に「差異を尊重しながら統一した社会を形成すること」が現実的な解決課題となるであろうことを先取りしていたように思われるのである．一元的な「共生」を批判する点や，「共生」を理念ではなく現実のなかに位置づける必要性を強調したこと，「共生」がどのような構造的文脈に位置づくのかという検討を欠落させ，脱文脈化してしまったことなどについての批判は，現在でも傾聴に値する．

3) 共生概念の整理

　藤田英典は，「共生」を「自律的な個人」と関連づけながら，仮説的に4類型に分類する (藤田 1999：375-394)．

　第一の「融合的共生」とは，資本制が発生する以前の社会における「共生」とされ，人々は閉じた地域共同体で伝統的な規範と慣習に埋め込まれているような，いわば，「閉じた世界内での共生」である．この時点ではまだ，自律的な個人という考え方は出現してい

ない.

　第二の「棲み分け的共生」とは，資本制の発生後，社会の移動性と流動性が高まるなかで，地域社会が階層・集団・文化の諸側面によって重層的に構造化された段階の共生であり，身分・階層・階級などによって「棲み分け」が行われるようになった時代の共生である．言い方を変えれば，これは文化的，空間的，そして社会的に同質の生活世界を構築したうえで，相互に干渉しないような取り決めを行う，いわば緊張関係をはらんだ棲み分けによるものである．この段階で，「個」は析出されてくるが，その個々人の「平等」は想定されていない．

　第三の「市民的共生」とは，市民社会，民主主義社会においてその実現が志向されてきた共生原理であり，この段階にいたってようやく，「自立した個人」の「自由」と「平等」が想定されるに至る．そしてそれにともなって，「他者」や「異文化」を許容しながら，それぞれが関与しあう実践的な取り組みが可能となる．

　そして最後に「市場的共生」が提起される．これは，情報化され都市化された環境において，「匿名的な個人」が，市場社会のルールに則した消費の平等という点で達成される「共生」である．同じ共生という括りになっていても，ここには「他者」や「異文化」は存在せず，それぞれが自閉した自己充足と他への無関心・自己防衛を原理とする．

　藤田によれば，現代はこの「市民的共生」と「市場的共生」が対置されているのが実状であり，このどちらが今後の時代の共生原理になっていくのか，日本社会はその岐路に立っているという．

　確かに，現代社会は「貨幣や権力をメディアとするシステム合理性に支配されている」けれども，現代がそれぞれの利害の主張とそ

の既得権の争い・対立に終始しないためには「一定の教養形成が必要とされる．これは単に学校教育における「知識伝達」の問題に矮小化される類の問題ではない．「共生」は，今後の社会構築の基盤となるべき「民主主義社会の教育」における課題と位置づけられている．

　藤田の議論はもともと学校選択制の問題から展開されたもので，中心的な論点は「(市民的) 共生」がどこで行われるかということであった．藤田は言う．「〈市民社会〉を理念として挙げ，志向することに価値があると考えるなら，その前提ないし要件として，現にそこにある居住・生活圏において〈市民的共生〉〈市民的コミュニケーション〉の十全な展開を志向し追求することが課題となるはずである」(同上：385)．この節の冒頭で行政による「共生」定義に触れたが，藤田はそれとは逆に，「共生」は地域のコミュニティにおいて実現されるべきと提言する．公立学校は市町村または県によって設置・運営されるものであるから，そこを通過することで子どもたちは地域共同体の価値を学習することができ，また，地域における人間関係をつくっていくことで，地域社会を担う「住人」として成長することが期待されていく．藤田の言う「共生」とは，互いが異邦人になるのではなく，同じ世界で生きるための「認識」と「関係」を共有するための試みであると読める．

(3) 共生と排他性—ポストコロニアリズムの観点から

　「共生」には多様な課題があることを確認してきた．ここで，ポストコロニアリズムの観点を借りながら，「共生」の可能性についてもう少し深めておきたい．

　ポストコロニアリズムとは，植民地主義以降の世界を対象として

分析していく方法を指す．本橋哲也は「過去」，「現在」，「未来」という三重の時間軸を設定し，それぞれが折り重なって「今」が現在進行形で構成されているという捉え方をする．「植民地支配の下で苦しんだ人々の視点からその歴史を問い直し，現在にも及ぶその社会的・文化的影響にも批判のまなざしを注ぐこと．ポストコロニアリズムは，つねに過去と現在と未来とを往還するこのような問題意識から，過去のくびきを抜け出していかに未来の変革をもたらすかを模索し続ける」(本橋2005：x)．宗主国はヨーロッパ中心の価値基準によって植民地に対する支配を行ったことで，現地の「文化」や「民族」を破壊し「差別」と「抑圧」の構造をもたらしたが，他方で，技術や経済によって「利害」と「支配」の構造を移植した．これは，宗主国による「他者」支配の在り方として重要である．その際，宗主国による植民地の「他者」化だけではなく，植民地内部での「他者」を産み出すことによって，内的な格差が拡大することにも繋がっている．そして，この構造的な社会的弱者とはジェンダーとも大きく関連していること．

1) 沖縄から日本はどう見えているか

ここでは，沖縄におけるポストコロニアリズムの先鋭な論客である野村浩也の主張に耳を傾けておきたい．

○『無意識の植民地主義』(野村2005：10-13)

・沖縄人は日本人と一緒になってアイヌ，台湾人，朝鮮人，中国人……を差別し殺してきた．このことを想起させる「悪魔の島」という声．
その同じ沖縄人が今度はベトナム人を殺しているという声．
その同じ沖縄人が，つぎは，パレスチナ，イラク，ユーゴ，アフ

ガニスタン，再びイラク，……殺戮は終わらない．これがポストコロニアリズム．
（中略）
・日本人とポストコロニアリズム
沖縄人は「悪魔の島」をけっして望んでいない．
沖縄を「悪魔の島」にしている張本人は日本人だ．
わたしを殺戮者にすることでけっして自分の手を汚さないのが日本人だ．
民主主義とそれを保障する日本国憲法によって，わたしという沖縄人は，殺戮者にされている．
日本国憲法は差別を正当化している．
民主主義と日本国憲法は植民地主義とけっして矛盾しない．
それが日本人にとってのポストコロニアリズム．
・呼ばれてもいないのに他者のもとへ出かけていくということ．

社会学者や人類学者は「他者をしろう」「沖縄を守ろう」と言った．
歴史学者は「事実確認を」と連呼した．政治学者は「紛争解決を」と，経済学者は「経済振興を」と．
彼/彼女らは，「それが地域研究だ」と言った．
そして，他者のもとへと嬉々として出かけて行った．
　（中略）
他者の声を聴きとるということは，「こちらが判断する」ということではない．
他者を単なる情報として物質化することではない．
情報として「他者を知る」ということは，「支配するために知る」ということ．
植民者は呼ばれてもいないのに他者のもとへ出かけて行き，支配のために都合のよい「現地情報」だけを集めてきたし，同じことは今も続いている．
それがポストコロニアリズム．
　（以下略）

　野村は過去から現在における日本の支配を糾弾するために激しいことばを用いる．このとき，沖縄がどのような支配構造の下に置か

れ，どのような歴史を押しつけられたのかを考え，その意味性を引き受けていく必要がある．

野村がよく用いるキーワードとしてポジショナリティ（positionality）がある．これは「立場性」，「位置性」という意味であり，その当事者がどのような立ち位置にいるかを問う概念である．たとえば，「植民地の支配の上に自らの利益を調達する者」や「自らは威信の高い仕事に専念し，女性に無償労働を押しつけることで家族内の地位を固定しようとする者」などはまさにポジショナリティの問題であろう．ただし，これは周囲の他者が特定の存在をどのように位置づけるのかに依存しているため，必ずしも客観的，固定的なものではない．重要なのは，自らの位置づけが関係的にどうなっているのかを問いなおそうとする志向性である．とくにジェンダーの観点からはそのやり直しが重要となる．

個人的に，自分が沖縄でヒアリングや参与観察を行う「研究者」として，それが「搾取」であるとされるなら反論の余地がない．現地調査が，現地で生活する人たちの日常とは無関係に行われることがあるのも事実である．しかし，それらが単なる「業績」のためだけではなく，過去に規定された現在を検討することで未来を新たに創造しようと志向する「実践」である可能性もあるだろう．もちろん，「関係の絶対性」（吉本隆明）は，自らが搾取され差別された存在であることに対する反抗の論拠になりうるし，それは新たな関係を提起していく起点になるが，重要なのはそれをどこに着地させていき，どのような未来を構想するかということではないだろうか．

2) 戦後世代が語る戦後責任

それでは戦争の直接的な加害者・当事者ではない世代は戦争責任

についてどう考えるのか．このことをジェンダーの問題と関連づけて考えてみたい．

　戦後50年をテーマに発行された『戦争責任　過去から未来へ』という書籍がある．編著は「アジアに対する日本の戦争責任を問う民衆法廷準備会」(緑風社，1998)．この本の第三章"私は戦争当事者ではないから反省する必要はない"という意見に，私はなぜ与しないか」は，戦後生まれの世代が戦争責任について論じたパネルディスカッションを文章に起こしたもので，内容的にも興味深い．ここで対比という意味からこれを紹介しておきたい．

　若干補足をするなら，このパネルディスカッションのきっかけになったのは，1995年3月16日，新進党(当時)の高市早苗議員が衆議院外務委員会で，「戦後五十年国会決議」に反対する立場からの質問で次のように述べたことがきっかけになっている．当時の駐米大使が「反省」を明確に打ち出す必要があると述べたことに対して「日本国民全体の反省があると決めつけておられるのですけれども，少なくとも私自身は当事者とはいえない世代ですから，反省なんかしておりませんし，反省を求められるいわれもないと思っております」(『戦争責任』：63)．

　この言説は良きにつけ悪しきにつけ，戦後を生きる世代にインパクトを与えた．議論はここから始まる．

　最初に登壇した高松久子は，「非常に共感を持った」と始める．高市発言に共感を示しながらも，「反省」と「責任」とを分け，「責任」はあるという．「過去」ではなく「現在」の日本政府は，過去の罪悪に対する「償い」をせずに済ませており，その点において，自分はそのような政府を主権者として成り立たせている，この国の構成員の一人であることを自覚するからである．ただし，高

校時代の学校教育で，日本の過去の犯罪を学ばされるにつけ，「だから，こういうことが私と何の関係があるわけ？」という反発が起こってきたという．祖先の営みの延長線上にあなたたちは生き，恩恵も受けてきたのだから，負債も含めて引き受けなければならない，といわれているようで，その押しつけがましさに反発していたという．加藤典洋と高橋哲哉の議論を引きながら[13]，そこでの本質を，日本国内で戦争のために死んだ三百万人と，日本以外のアジアで死んだ二千万人とをどちらを優先して弔うべきかをめぐる論争と総括し，前者も後者も「死んだ人間」として一括りにしていることを批判する．「"人びと"という言い方そのものが，死者一人ひとりのかけがえのない，一度きりの生を見えなくしてしまいます」(前掲：75)．アジアの死者を他者とし，自国の死者を自己，または身内とするのではなく，両者を共に他者として見据える努力をしたいという．このように太平洋戦争へ拘るのは，「単純な話，自分が戦争で死にたくないからです」(同上：77)．当時はあたりまえのこととして人が死に，殺されたが，それがいつまた「あたりまえ」として現れてくるかわからない．莫大な量の情報に幻惑されることなく，自分でその意味を引き寄せ，自分の価値判断を点検していく，と述べる．

　次のパネリスト高橋優子は，高市発言について，戦争の評価（侵略性）と，戦争当事者の責任の二点について言及しなかったことこそが，とくに若い世代から共感が寄せられた原因ではないかと推測する．逆に高市発言への批判は，右・左を問わず上の世代から寄せられる傾向があるという．日本の歴史を「国家の連続性」として捉え，しかもそれが個人の存在や経験に先立つものとするこの傾向は，「日本人が犯した犯罪〜」に強調点を置く場合も「前の世代の尊い犠牲に感謝〜」とする場合も実は同根で，「日本人であることを拠

りどころに束ねようと」している．しかし，これは実は危ういのではないか．北岡伸一は，個々人の心情などはスッパリと捨て，日本の対外信用を傷つけてきた日本の政治から決別し，個人責任を追求して清算することが必要であるとするナショナリズムを提起するが，ここで高橋はたちどまる．個人の思いを越えて残虐な行為をした当事者を切り捨てていけば歴史を清算したことになるのか？また清算が済めば戦後世代はクリーンになるのか？言い換えれば，歴史の清算など可能なのか，という問い．「いつかは日本国家あるいは個々の日本人の犯した罪が購われ，被害者が〈救済〉され，歴史が〈清算〉される日がやってくるのか」(同上，84)．そして高橋は「加害者」「被害者」の存在と経験が，国家による国際関係のカードとして「利用されたり見捨てられたりすること」の危険性を指摘する．問いを進めて，自分自身は「日本人として」責任を負いたいと思っているか？と自問する．確かに，日本政府による謝罪や補償をさせることは，主権者である国民一人ひとりの責任かもしれない．しかし，政府がそうしたからといって自分の責任を全うしたことになるのか？つまり，「事後の行為によって責任が解除されうる」といえるのか，さらには，自分が日本の主権者であることをやめたら責任は免除されるのか？また，日本に連行されその後帰化した人と，日本人の両親の元で生まれ日本社会を生きている自分とを同列に論じられるのか？などと問い，「"日本人として"の責任論には，重大な欠落がある」(同上，87)としたうえで，それを越えた責任の根拠や引き受け方に考察を進める．残虐な行為をした兵士はなぜそのようなことができたのか，と，自分ならば「同じ日本人」としてではなく「同じ人間なのに」と問う，ということを出発点に，この兵士に対して「私に通じる弱さや無知を，時には私にはない生真面目さや繊細ささえ

も，認めることになるでしょう．そこにひとりの人間の姿を見いだしたとき，はじめて過去は他人事ではなく，私に繋がるものとして甦ってくるのです」(同上：88)．同じ「日本人」という枠づけよりも，自分と同じ年齢，出身，職業の加害者が行った犯罪を，より自分に近く感じ「自分の問題として受けとることができる」とし，外部からのカテゴリーを強制的に押しつけられることと区別する．自分自身の行ったことではない行為の責任を「引き受ける」意味は，もし自分がそこに居合わせたなら，同じことをしたかもしれないという認識があるからである．過去に行われた残虐な行為は現在も克服されていない．ならば，「これらを克服する途をさぐることは，私が"いま""ここ"に生きることに関わる責任ではないか」(同上：90)．「被害者の痛み」は当然として，「加害者たちの苦悩」をも想定し，被害者―加害者，国家というカテゴリーに依拠した物質的な「補償」にとどまらず，その傷を乗り越えることに携わっていきたいと結論する．

最後のパネリストの田口裕二は高市発言を素材に，自身が関与しなかったことについての反省は可能か，という問いを立てる．謝罪と反省を区別し，その違いについて，まず，謝罪は相手(被害者)に向けられるもので，反省は自身に向けられるものであること，次に，謝罪は過去の出来事に向けられ，反省はそれをふまえて現在から未来に向けられるものであると区別する．そのうえで，戦後世代である自分が戦争被害者から「お前は日本人だろう．あやまれ」と言われたとしても，直接加害を行ったわけではないから形式的な謝罪になってしまい，逆に相手に失礼だとする．ただし，被害者にそのような苦しみを与えたのは日本人だから，同じ日本人として戦後世代に謝罪を迫る感情は正当であるともいう．この，相手の痛手の

深さ,重さに向かい合うことの重要性が提起され,同時に,終わることのない戦争責任の探求も継続されることが求められる.

以上のような発言は,何らかのイデオロギーに基づいたというより,自分たちの生活実感から紡ぎ出されたと考えられる.もちろん,生活実感だからすべてが許されるというわけではないが,少なくとも,そこには貸りものでない自身の生から紡ぎ出したことばの重さがある.「責任」があるという認識は3人に共通していつつも,責任の果たし方については三者三様だが,このことこそ,ポジショナリティとして彼らが(あえていえば私たちが)独自に決めてよいものではない.未来をどうつくっていくかは,そこに利害や確執があろうとも,「共生」という視点から構想されるべき課題であろう.パウロ・フレイレは,『被抑圧者の教育学』で,既存の知識の無批判的な回収にあたる「銀行型教育」に対して,被支配者の自立を目指した「問題解決型教育」を提起している(フレイレ 2011).属性に拘らず,そのような認識を培うことは可能だろう.このような問題への取り組みは,ジェンダーにも関連している.

3) 民族とアイデンティティの問い

脱植民地主義において,あまりにも自明な訴えとして在日韓国・朝鮮人問題がある[14].近年,この問題に対するさまざまな議論が展開されているが,ここで取りあげるのはポストコロニアリズムの文脈に限る.植民地主義をどのように捉えているのかを,鄭暎惠の言説で確認しておきたい(鄭 2003).

鄭によれば,差別とは「権力の等高線」のことであり,「差別との闘いは,不本意に引かれた等高線の引き直しを求める政治だっ

た」(同上：5)．言い換えれば，差別との闘いとは「言語構造や概念装置をも含めて，文化を基本的にトランスフォームすること」であり，解放とは「文化をつくりかえていくことで，結果として，既存の構造を脱構築していくことである」(同上：8)．

いうまでもなく，植民地主義の時代とはナショナリズムの時代だった．多くの人びとがナショナリズムに包摂され，その自明性と正当性にたゆたっていたとき，否の声を上げたのはフェミニズムだった．少なくとも，女性という存在は歴史から隠蔽され，省みられることがなかったわけで，その異議申し立てはきわめて正当である．しかし，問題は単純ではなかった．差別される存在の内部でも，たとえば支配者のようにふるまう男親と，それを堪え忍ぶ女性や子どもの姿があった．「いくら帝国主義を打倒するためとはいえ，自らの民族を死守して排他的になるばかりだとしたら，それもまた，民族の解放にはなりえない」(同上：15)．「差別されることのない，差別することもない民族とはなにか」．この自らが立てた問いに対して，鄭は次のように答える．

「解放には，一人ひとりが自己のあり方を問いなおし，差別を黙認・許容してきた自己を批判することが不可欠だ．日本人がもつ民族意識を問うだけでなく，朝鮮人がもつ民族意識の構造をも問いなおすべきだろう．自らの民族を問いなおすこと，それは帝国主義や差別との闘いと決して矛盾するのではなく，むしろ，解放とは何かを考える鍵とすらいえる」(同上：15-16)．さらに，在日韓国朝鮮人の結婚は4分の3以上が日本人との結婚であるといわれ，そこで生まれてくる子どもが「混血」と呼ばれるという事例を挙げながら，次のように述べる．「それでもあえて，混血であることを引き受けようとすることは，純血でない自分を受け入れること——自分の中

にある不純性，多元性，複合性，混沌性，外部との連続性，つまり無境界性を引き受けることだ．それが，何よりも純潔性の神話を打ち破ることであり，純粋なアイデンティティという概念の上に巣くう差別を，虫食うことだ」(同上：17).

鄭はこれらの認識をフェミニズムにも向ける．「ウィメン・オブ・カラー」のフェミニストは，みずからの自己決定権を求めて「すべての抑圧と闘う」ことを掲げるが，白人女性たちは必ずしもそれに賛同したわけではなかった．なぜならば，「カラー」の人たちを排除することによってすでに「特権」を得ていたし，西欧近代における「白人至上主義」が流通していたからである．白人女性が主体となった「女性参政権運動」は黒人女性を排除しようとする傾向もあり，目指されたのは社会的平等であった．「カラー」はこれに対して「すべての人の解放」を目指した．鄭は，ナワル・エル・サーダウィ (Nawal El Saadawi) を引きながら，「自らが受ける抑圧ばかりか，自らが加担している抑圧・差別をも解くこと．"白人"中産階級女性ならば，自分が受ける性差別と闘いながら，自分のコミュニティ／国家が"他者"を抑圧している構造を解体すること」，「ひとりひとりが，それぞれの〈位置〉において，解放される／する主体になること」(同上：60-61) を提示し，フェミニズムの脱構築を求めた．

この観点は，ポストコロニアル・フェミニズムの主張とも一致している．ガヤトリ・スピヴァク (Gayatri Chakravorty Spivak) は西洋フェミニズムが普遍性の名のもとに主張した内容を批判する (スピヴァク 2003).現実の女性たちはさまざまな差異によって分断されているのであり，それを見ない西洋フェミニズムは，植民地主義とそこでの搾取を前提としているのではないか．スピヴァクは方法論として「戦略的本質主義」を掲げ，弱いもの，抑圧されたものが，

他者との開かれた関係を前提として, 自らの本質を規定するという方法論であり, ここを起点としながら他との連帯を志向した[15].

(4) ジェンダー・バッシングの存在論

ここでは「ジェンダー・バッシング」を, 90年代から2000年代にかけて, 日本で展開された「反ジェンダー」的な動きの総称として用いる[16]. 考えたいのは, バッシング側の言説を支えたリアリティは何だったのかということである.

小熊英二・上野陽子 (2003) は「新しい歴史教科書をつくる会」の活動への参与観察によって, バッシングがどのようなリアリティによって受けとめられたかをまとめている. そこで見出されたのは, 「冷戦後の価値観の揺らぎや, 教育現場の混乱のなかで, 自己を表現すべき言葉の体系を身につけていない者, 孤立感に悩んでいた者が, ナショナリズム運動に希望を見出していく構造」(小熊・上野 2003: 28) だった. 「あらゆる共同性が, 実感できる関係性が, 有効で開かれた公共性が崩壊し, 政治への不満も, 経済的失速への焦りも, 日常や未来への不安も, すべて表現する言葉が失われているかのような閉塞感. そのなかで, 幻想の希望を集めて膨れあがってゆく, 無定型で"健康"なナショナリズム」(同上: 38) という位置づけは, 見方を変えれば彼ら彼女らにとってそれ以外の希望を持てる余地がなかったということであるのかもしれない.

「彼らは"普通"を自称する. だがその"普通"がどんな内容のものであるのかは, 彼ら自身も明確に定義することができていないのだ. そうした彼らが行うのは, 自分たちが忌み嫌う"サヨク"や"官僚"や"朝日"を, 非難することだけである. あたかも, 否定的な他者を〈普通でないもの〉として排除するという消去法以外に,

自分たちが"普通"であることを立証し，アイデンティティを保つ方法がないかのように」（同上：197）．ここで非難される対象に，「普通ではない」「ジェンダーフリー」や「ジェンダー」があったと考えられる．

　そうだとすると，バッシングの動きに対して，真の「事実」を提示すれば済むような問題ではない．フェスティンガー（Leon Festinger）が示したように，自身の意味の連続性にこだわる主体にとって，事実は容易に否定したり無視することが可能である（フェスティンガー 1965）．現代における関係様式のもとで「公平」や「公正の原則」を振りかざしても，それは嘘くさい空理空論として否定（＝消費）されていくしかない．

　「問題」は，そのような存在をいかに「説得するか」（＝自分にとっての真実を押しつけるか）という方向性ばかりではなく，現代社会における関係構造の在り方を深め，共通する基盤を模索するという道もあるのではないか．バッシングの問題で重要なのは，自身の与する「正義」を問答無用で掲げることではなく，互いの共有できる地平を模索していくことかもしれない．

　現に，類似した認識と方法によって纏められた著作として，山口智美らによる『社会運動の戸惑い』（勁草書房，2012）がある．「バックラッシュ」といわれる現象がどのように構成されていったのかを，とくにフェミニズムに反対の立場を取る人たちを中心にヒアリングを行ったものである．「自分たちへの批判者がどのような人なのか」を問題とし，そこを起点として「対話」することは不可能ではないだろう．

3 「自立・共生」を越えて

最後に,本節では「自立・共生」を越えた新たな地点を構想するために花崎皋平と竹内敏晴を取り上げたい.

(1)「ピープル」[17]という視点

花崎皋平は,近代国民国家とそれを支えるイデオロギーとしての「民主主義」とは一線を画し,それをのりこえる思想と生き方を目指す可能性を託して「ピープル」という考え方を示した.「ピープル」は,「国籍や民俗や性によって分けへだてられては成立せず,世界的にだけ成立することができる範疇として定義」され,とくにその連携への不断の接近を目指す者として「進行形においてだけ成立する」.たとえ,人権や民主主義を掲げたとしても,それが中心と周縁,北と南の格差や不平等な関係を維持してしまうならば,その関係そのものが人権や民主主義を破壊していることに目をつぶることになると注意をうながす.

ジェンダーに絡めるならば,「女性差別の文化と制度の,男権制・家父長制の思想とシステムの,社会に根を張った女性の性の抑圧機構の認識をうながす」.そしてこれらの克服のために,「女性と男性の真に対等な,あたらしい協力の在り方は,今後探求すべき未踏の広大な領域である」と示される(花崎 2001:40).

花崎は,この「ピープル」を中心に「共生」を提示していく.

1)「共生」への課題

花崎は共生のために克服しなければならない課題を2つ挙げる.
①個人としての人格的独立と自由を行為の原理とする思想性の要請

私は日本列島社会内で多数を占め，社会的力関係において他の民族集団に対して有利な立場にある日本民族の一員として生を受けた．この民族集団は近現代の歴史をたずねると，アジア・太平洋地域の諸民族に対しても民族差別を行ってきた．私にとって，私が日本民族の一員として生をうけたことは，自分で選んだことではなくて，与えられた条件であり関係である．民族や社会や国家は過去からの連続と累積をもって現在を規定している．私が日本人として生きていることは，その歴史的必然（すでに取り返しのつかない既成性としての）を身に負っていることを意味する．その必然の内容には，有利なことも不利なこともある．誇ってよいことも恥じなければならないこともある．未来へ向かって，それらの条件をどう引き受け，どう使ってはたらくか，そこに人間としての自由の行使がある．
（花崎 2001：118）

　花崎は「一個の責任主体」として，「個人の精神的営み」として，自分の属する国民国家が少数民族や先住民族に対して行っている侵略，抑圧，搾取，差別について道義的責任を自覚し，その責任を自分の自由な行為をつうじて果たそうとすることができるとする．「私がそう努めるのは，他の被抑圧，被差別民族集団にアイデンティティをもつ個人と，抑圧や差別のない関係を創造したいからである」し，また「それが可能であると考えるからである」（同上：119）．花崎は必要以上に「個人」の存在を強調しているように見えるが，それは民族や国民，県民などの特定のカテゴリーを前提にすると，それが準拠集団となり「個人としての自己主張をやめてしまうことがある」（同上）からである．個人の内面によって受けとめられ，自己主張をともなう責任主体の自覚によって担われない反省は空疎な懺悔にしかすぎない．「個人としての人格的独立性を，人間の自由という本質に関わる問題とあわせてとらえ，反省と行為の原

理に据えることが大切である」(同上). もちろん，そのような立場に立たされたすべての個人が反省の情を示すとは限らず，先に戦後世代の戦争責任で触れたように，個人としては差別も加害もしていないとして，責任も反省する必要も感じないという者もいるかもしれない. 花崎は，そのような存在を，「自分が織り込まれている歴史や社会関係に目を閉ざし，現実の法・制度・構造から観念的に自己を切り離す逃避的な独りよがり」(同上：120) と批判する.

一方，これは差別者の側だけでなく，「被差別者側にも，この個人としての人格的独立と自由を行為の原理とする思想性は要請される」(同上：120) と語る. 同化を強制してくる集団に対して，自らの民族や文化の伝統を尊重し，その独自性を擁護するという行為は，抵抗の原理として，伝統を伝統であるからという理由だけで守ろうとする「伝統主義」に立てこもる場合があると指摘する. それは内部からの自己革新による発展を妨げる結果，「抵抗を消極的でもろいものにする」. 民族や文化の伝統は「特殊性」ではなく「普遍性」によって，人類の伝統という開かれた見地によって擁護され発展されるべきであるとし，この視点から，他の集団のあり方を批判するのであれば，自分の属する集団へも同じ原理を適用することが必要」と主張される. 外に厳しく，内に甘い「二重規準」は腐敗を生む温床となりうる.

もちろん，これが非常に困難であることは自覚されているが，そのうえで，「原理原則の普遍性のつらぬきかた，それを生かすための道すじのえらびかたに，非対等な関係の両側の差異を無視しない工夫や熟慮が必要」と強調される.

②タテ型の上下関係をのりこえる

これは言い換えれば「公私両面で上下関係を温存したり再生産し

ない努力」のことである．差別とはその本質を「人と人とを固定的な上下関係に置くこと」であり，そこからの解放は「人と人との関係を水平化すること」である．差別者側において，差別を克服しようと合意できるもの同士のなかにさえ見出しうる上下関係，パターナリズム，権威主義，懺悔主義などは，被差別者側にも対応した態度を生じさせる．どちら側にも，それぞれの内部にさまざまな上下関係が貫徹しており，だからこそ，普遍的規範としての「人間の根本的平等」が重視されるのである．

また，差別，抑圧される側の具体的な苦悩は不可侵なもので，それを軽んじてはいけないとされる．「人の尊厳を傷つけるということがあらゆる罪の中の第一の罪」で，いったん傷つけられた尊厳は，本質的には回復不能である．花崎は言う．「人間の心は"壊れもの"である」(同上：123)．

花崎による「共生の課題」は極めて重いものに見える．しかし，それは自分たちが慣れ親しんでしまっている構造や制度，関係の様式を自明の前提にしてしまっているからかもしれない．花崎に倣うなら，私は「沖縄」においては「ヤマトンチュ」であり，家父長制下で性別二元論によって非対称的な一方の当事者に振り分けられた「男性」である．そしてこの構造上の位置づけを引き受けざるをえず，それをふまえたうえで，抑圧や差別のない道を模索していくしかない．ある特定の存在に対して自らが他者であっても，その他者の視点からは事態がどのように見えるのかという，もうひとつの在り方を提供することは可能ではないか．歴史性，構造性を踏まえたうえで，次に踏み出す一歩が重要である．「差異」を前提に問題意識によって「他者」と繋がること．私はこれを「ラポール」と考える[18]．

2) フェミニズムと共生の問題

花崎は, ジェンダーに多く言及している (花崎前掲: 257-300).

当初は,「"近代化と開発"への批判を棚上げして, 女性への抑圧だけを抽象して普遍化させる近代主義の, また欧米羨望形のフェミニズム」(花崎 2001: 261) に違和があったという.

花崎が感じた違和感は, 先に触れた鄭暎惠やスピヴァクの論点と通じるものがある. その後, 日方ヒロコの「生きる瀬」, 田中美津の「痛み」と「闇」(田中 2001), そして「家父長制」という考え方を評価するようになるが, 一方でフェミニズムの提起した問題が, 結果として差異や格差を助長してしまう状況にも着目する. 北の利益が南の抑圧と搾取に基づくとき, それは男性ばかりでなく女性をも分離していく. 開発とそれによって奪われる尊厳の問題を共有していくこと. そのことで, 分断を克服していく道も見えると花崎はいう. 花崎のいう「共生」とは, ここにポイントがある.

花崎は, 家父長制について, 主体が生物としての男性である必要はないとする. そこにあるのは,「関係を支配し, 裁量権や決定権を持つ地位や役割の人格化として, 社会的文化的次元で定義しなおされた性, ジェンダーとしての男性性である」. 権力としての家父長制は, 女性においても可能である. 人と人との関係に定位せず, その関係を物象化したところに成立する個人主義は, 結果的にその物象化された関係に依存し, それを再生産する. 具体的には生殖技術の進展が女性の解放を導くような誤解を生む. このような物象化した関係の延長線上に, 南北格差や貧富の格差などの人権の矛盾が起こったと花崎は見る. 具体的には「産む／産まない」についての, 女性解放運動と障碍者運動との対立／矛盾である.

産む／産まないについての女性の自己決定は障碍者の自己決定,

及び「生きる権利」と矛盾する[20]．金井淑子を引きながら，現状の男性支配・女性抑圧の社会では子どもを産み育てること自体が「女ひとりの一生に重い負担をかけ，彼女の自己実現をおびやかす」ことになるということを認めたうえで，障碍者運動とそれと対立するように見える「女性運動とは，対立を生じさせている文明と社会システムを変える，という共通の課題のもとで，相互の対立を相対化する必要がある」と述べる．

　私たちは「他の生命への加害性」を逃れることはできないけれど，「その共通の底に立って悩みながら人と人との関係，人と自然との関係の，より差別の少ない，より相互性のある在り方を求めて生きなければならない．そのかぎり，私たちは他者の悩みや痛みを他人事でなく受けとめることができるだろう」（花崎 2001：289）と述べている．これは田中美津による，「"私の闇"，"私の痛み"にこだわり，それを手放さずに他者と向き合い，社会と向き合う」ことというリブの思想とも関連しよう．

(2)「じか」にふれあう

　竹内敏晴は「人と人とのまじわり」の初源を「ふれ合うこと」に置く．竹内は幼い頃から耳の病気で苦しみ，ほとんど聞こえない日常を送ることで，ひけめと屈辱感に満たされていたという．当時の竹内にとって世界は閉ざされており，「他者」は存在すらしていなかった．その後，「自己を投影することも，同化することもできぬ，一個の独立した，ふれることのできぬ，まして内部へ立ち入ることのできぬ，理解などという自己投影は拒絶するところの一つの世界，もの」（竹内 1975：66）としての「他者」と出会い，その「他者」に向かう「自」があらわれることで，「他者」との「真のふれあい」

が志向されることになる．その際の立脚点が「こえ」による「他者」に対する働きかけであった．

その後，竹内は発声練習によってことばを他者に届かせることができるようになった．しばらくは有頂天だったが，竹内はしだいにあることに気づいていく．「人は，他の人と，ことばによってふれ合おうなどとはしていないのだ，ということを．人は自分を守るために，人との距離を置くために，ことばで柵を作り煙幕を張り，生活の便利のための計算をやり取りし，感じたことを見せないためにしゃべる．ことばはウソを吐く，いやウソを吐くためにこそあるらしい，ということを」(竹内 1999：12)．

「根元的にことばはウソである．虚構である」という認識に竹内はたどり着く(同上：14)．ある特定の変化のパターンを区切って「はる」と名づけたときにひとつの季節が生まれる．このウソによってしか，われわれの体験のなかにあるもやもやしたものをくっきりと形にすることはできない．さらに，「ことば」と「ことば」をつなげ，組み合わせ，整えていくことが「考える」ということなのだが，それは一方で「からだが実際に感じることからの断絶」でもある．ことばを使いこなせるということは「ウソを吐くことを覚えること」であり，逆にことばが不自由であるということは，「ひとことひとことが，ある状況にあるからだ全体の表現だということ，いわば全人格を差し出してみせることしかできない」(同上：16)．人間関係において「じか」であるということは，「ウソ—虚構—であることばによって構築された礼儀や生活の実務やらの慣習の世界」から身を引き，時には「落ちこぼれてゆくこと」である．

重要なのは「ふれ合うこと」なのだが，実は「ふれる」ことは「自分の思いこみや習慣に他人を取り込もうとしている」ことでもある．

相手が自分とは全く異なる「他者」であることに向かい合えるかどうかが課題なのだが，竹内は，「他者にまざまざと出会い，他者性を身にこたえて知るということは，たやすいことではない」と述懐する．竹内の場合，それを家族のなかで思い知ることになる．「人が人にふれたと感じるその先にこそ根元的な他者性が現われる」．

> わたしは仕事で力を使い果しへたり込むように家へ帰ってくることを，男の誇りみたいに思いこんでいたところがあった．ある晩つれ合いは座り直して言い放った．「ここはあたしとこの子が暮らしている大切な場なのよ．ボロゾーキンみたいなしわくちゃな顔して入ってこないで！汚さないで！出て行って！」． （同上 1999：239）

竹内は自らの自覚せぬ家父長的な身勝手さに気づくと同時にもうひとつの重要な認識に突き当る．

> 自分の気持ちに正直であろうとすることは，言いかえれば自分であり続けようとすることは，相手を無視し傷つけることになる．自分を押えて相手に合わせていればからだがこわれる，病気になる．ことばが出なくなる．押さえるのではなく自分を超えてゆくにはどうすればいいか？ （同上：240）

竹内は，自らの努力や働きかけによって押しつけがましく壁を壊し越えようとするのではなく，次のような結論を出す．

> かけがえのない，そしてわたしとは絶対に異なる存在に呼ばれ，そして，大切にすること （同上：242）

「『出会う』とは，たまたま巡りあうこと，遭遇すること」であり，それは蓋然的なものである．そして「私たちにできることは，その〈たまたま〉に向かって常にからだを開いているように自らを促すこ

とだけ」(竹内 2009：219)[21]であるという.

「共生」を検討する際に,「自分に何ができるのか」という問いを立てやすい. しかし, 相手に何かをしてあげるというより, 相手のそばに寄り添いつつ, 相手から「呼ばれる」ことを待つという在り方もあろう. これは「共生」と「ケア」を結びつけて考える際に, きわめて重要な視点ではないだろうか.

4　自己＝他者を生きる—関係性の再構築とセンシティヴ

望月重信は関係性としてのジェンダーについて,「自己＝他者性を生きる」ことを提起した. 一見矛盾した記述に見られるこの言明は, 自身が自己を生きるということの自己完結的な排他性を俎上にあげている. 私たちが「生きる」ということは他と隔絶された「個体」が「生命体」として生きる (＝再生産する) ということに終始するのではなく, 他者との関係性を生きるということに繋がっている. そうでないならば, 私たちは永遠の自己肯定を繰り返す自己中心的な存在でしかなくなってしまう.「自己＝他者性を生きる」という視点は, 今後私たちがどのような関係性を構築していくのかを問う意味で重要である.

この在り方の, とくにジェンダーに関連する活用可能な処方のひとつとして, ジェーン・マーティンの示した「ジェンダー・センシティブ」という概念が有効かもしれない (マーティン＆ヒューストン 2006). この概念は「ジェンダーをそれが重要に関係するときには考慮に入れ, そうでないときには無視する」というものである.[22] ヒューストンによればこの概念の利点は,「つねに特定の状況について, ジェンダーがどのようにつくられていて, その特定の状況で

どのように働いているのかに注意を向けることができる」点にあるという．ヒューストンはジェンダーを「人の性質」ではなく，さまざまな方法でつくりだされる「人びとの間の関係性」と捉えている．「ジェンダー・センシティブ」の概念は，この関係性がどのように編成され制度化されているのかに敏感になることと考えてよい．言い換えれば，あらゆる差異に対して敏感になることでもあろう．この意味で，「ジェンダー・センシティブ」はあたらしい関係を構築していくうえで，重要な用具となる可能性がある．

　私たちはともすると自分たちの行為や行動を一人称でしか捉えない傾向がある．しかし，その行為が社会的なものである限りにおいて，それは他者との関係のうえで実現していくことであろう．この時の他者は，自分のことをわかってくれる，わかろうとしてくれる理解のある他者とは限らない．それは場合によって，私たちの在りようを射抜くものであるかもしれない．「差異性」を前提とした「関係性」のもとで「自立」と「共生」を問うということは，このような多様な関係性を引き受けるということでもあろう．

　最後に，田中美津のことばを挙げておこう．

　　体制の価値観に媚びたい己れと，そうはしたくない己れの，そのふたつの己れ，その矛盾の中で，あたしたちはこの生身を弁証法的に発展させていくことが可能なのだ．ふたつの相反する本音が互いに己れを主張すれば，この身がとり乱すは必然であるが，しかし，とり乱しの中にこそ，あたしたちの明日が豊かに胎まれていくのだ．
　　（中略）闇を闇と知ってそれを己れに負う時，あたしたちは，自分を解き放つ原点，すなわちあたしたちにとっての光と出会っていく．己の闇は己の闇．被差別部落民の，在日朝鮮人の，百姓の闇を，あたしたちは共有できない．しかし，己れの闇に固執する中で，その共有できない闇の，共有できない重さの，「共有できない」という

ことを己れにどこまでも負っていくこと——あたしがあたしである，ということはそういうことだ．己れの闇と，他人の闇の，すなわち己れの生きざまと他人の生きざまのせめぎ合いの中で，〈われらが明日〉は光を胎む．あたしたちは，己れの中に弁証法を発展させていけるだけでなく，他人サマと生きざまを対峙させていく中で，その関係性を通じて，日々己れを革命していく，いけるのだ．

(田中 2001：255-6)

「共生」というには激しいかもしれないが，絶対的な他者との「共生」を模索するうえでは，この「共有できなさ」をいかに引き受けていくのか，いけるのかが問われるかもしれない．

注
(1) これを J. バトラーに基づいて「パフォーマティブ」といって良いだろう．J. バトラー (2005)『ジェンダー・トラブル』新曜社
(2) 確かに資産家が私有財産を相続するというケースもあるだろうが，これについては誰もができる方法ではないのでそれは省略するが，「文化資本」，「文化的再生産」の議論としてこれは重要なので，一応念頭に置いておいていただきたい．
(3) 国際労働機関 (ILO) では，就業最低年齢を原則 15 歳としている．
(4) 現在の日本では，「改正高年齢者雇用安定法」(2013) によって，企業労働者の定年は 65 歳まで延長が可能となったが，もともと第一次産業従事者には定年は存在しないし，諸外国でも定年はあるが，アメリカでは年齢差別を避けるために年齢によった退職制度がない国もある．
(5) 厚生労働省『平成 25 年版 障害者白書』によると，三障害すべてにわたって，「授産施設等・作業所等」という就業形態が見られ，とくに，知的障害と精神障害においてその構成比率は高い．
(6) このことに関連して，近年政策としてバックアップされる「女性の社会進出」がどのような背景をもつのかはあらためて検討する必要がある．
(7) このことについては「トマスの公理」を想起されたい．「ある人間がその状況を真実であると判断したらその状況は結果として真実である」．
(8) この点については，広井良典 (1999)『日本の社会保障』岩波新書，(2011)『創造的福祉社会』ちくま新書，などを参照．

(9) 高齢者対策としての「ゴールドプラン」(1989),子育て支援については「エンゼルプラン」(1994)をはじめとする一連の施策が現在も展開されている.
(10) 内閣府 HP,共生社会政策トップ（http://www8.cao.go.jp/souki/index.html）
(11) 2015年現在の共生社会政策担当の守備範囲は以下の雑多なものを含んでいる.「子ども・若者育成支援／子供の貧困対策／インターネット利用環境整備／青年国際交流／食育推進／障害者施策／アルコール健康障害対策／バリアフリー・ユニバーサルデザイン推進／高齢社会対策／日系定住外国人施策／犯罪被害者等施策／自殺対策／交通安全対策／薬物乱用対策」
(12) アジアに対する日本の戦争責任を問う民衆法廷準備会編著(1998)『船倉責任過去から未来へ』緑風社,当該部分は「第三章 "私は戦争当事者ではないから反省する必要はない"という意見に,私はなぜ与しないか」(pp.63-104)
(13) 加藤典洋が発表した「敗戦後論」をめぐって行われた議論.初出は『群像』(1995).加藤典洋(2005)『敗戦後論』ちくま文庫,を参照.
(14) 1996年,当時,東京都写真美術館で開催された「ジェンダー 記憶の淵から」という展覧会において,嶋田美子の「ブラック・ボックス,ボイス・レコーダー」という作品に引きつけられた.真っ黒な箱に鎖がかけられており,その横で何事かを訴える音声が流されている.ひとつだけ蓋の開いた箱があったのでのぞき込むと,水を張った箱の下から女性の目が私を見すえていた.それは韓国・朝鮮人の従軍慰安婦の眼差しだった.私たちはそのようなまなざしで射貫かれているということを記憶しておく必要がある.(東京都写真美術館・朝日新聞社(1996)『ジェンダー 記憶の淵から』図録 東京都写真美術館,所収)
(15) 戦略的本質主義については,「戦略」に重点が置かれているものの,現実には排他的な「本質」を重視する視点もある.
(16) バックラッシュの詳細は次の文献を参照.論文としては,伊藤公雄(2004)「バックラッシュの構図」日本女性学会学会誌編集委員会編『女性学 vol.11』新水社,pp.8-19,単行本としては,日本女性学会ジェンダー研究会編(2006)『Q&A 男女共同参画／ジェンダー・フリーバッシング バックラッシュへの徹底反論』明石書店,上野千鶴子他(2006)『バックラッシュ! なぜジェンダーフリーは叩かれたのか?』双風社.
(17) 花崎は自らの共生論をいくつかの著作で展開している.ここで検討したテキストは,『[増補]アイデンティティと共生の哲学』(平凡社ライブラリー,2001)である.
(18) 時に,「男性優位社会」を認める発言を男性の側から発話されることがある.しかし,だからといって,その男性が身にまとっている構造的,歴史的な非対等性を克服できたと考えるならばそれは間違いであろう.同様の意味

で，私はウチナンチュにはなれない．しかし，「共生」を目指すことは可能だろう．
(19) 花崎 (2001：262-264)「立つ瀬がない」を転用して「生きる瀬がない」とすることで，その「生きる瀬を分け合う」ことに花崎は共生を見る．
(20) この論点については，次の文献を参照．横塚晃一 (2007)『母よ！殺すな』生活書院
(21) 竹内が主催した「からだとことばのレッスン」では，「自分自身への問いかけと，気づき—つまり新しく拓かれた世界—への，出発のくり返し」(竹内 2009：24) がテーマとなっていた．
(22) この対談では，「ジェンダー・フリー」とは「ジェンダーに全く注意を払わない」という意味で使われている．

引用・参考文献

アジアに対する日本の戦争責任を問う民衆法廷準備会編著 (1998)『船倉責任 過去から未来へ』緑風社
岩田正美 (2008)『社会的排除』有斐閣
上野千鶴子 (1995)「差異の政治学」井上俊他編『岩波講座 現代社会学 11 ジェンダーの社会学』岩波書店, pp.1-26.
上野千鶴子他 (2006)『バックラッシュ！なぜジェンダーフリーは叩かれたのか?』双風社
小熊英二・上野陽子 (2003)『〈癒し〉のナショナリズム』慶應義塾大学出版会
落合恵美子 (1989)「近代家族の誕生と終焉」『近代家族とフェミニズム』新曜社
小内透 (1999)「共生概念の再検討と新たな視点」『北海道大学教育学部紀要』pp.123-144
キテイ, E. F. (2010)『愛の労働あるいは依存とケアの正義論』現代書館
キテイ, E. F. (2011)『ケアの論理から始める正義論』白澤社
ギリガン, C. (1986)『もうひとつの声—男女の道徳観のちがいと女性のアイデンティティ』川島書店
駒井洋・鈴木江理子 (2012)『東日本大震災と外国人移住者たち（移民・ディアスポラ研究2)』明石書店
下夷美幸 (2001)「家族政策研究の現状と課題」『社会政策研究 2 特集 家族・ジェンダーと社会政策』東信堂, pp.8-27
スピヴァク, G. (2003)『ポストコロニアル理性批判：消え去りゆく現在の歴史のために』月曜社

竹内敏晴（1975）『ことばが劈かれるとき』思想の科学社
竹内敏晴（1999）『教師のためのからだとことば考』ちくま文庫
竹内敏晴（2009）『「出会う」ということ』藤原書店
竹内敏晴（2010）『レッスンする人』藤原書店
田中美津（2001）『いのちの女たちへ　とり乱しウーマン・リブ論』パンドラ
鄭暎惠（2003）『民が世斉唱―アイデンティティ・国民国家・ジェンダー』岩波書店
中西正司・上野千鶴子（2003）『当事者主権』岩波新書
野村浩也（2005）『無意識の植民地主義』御茶の水書房
バトラー，J.（2005）『ジェンダー・トラブル』新曜社
花崎皋平（2001）『[増補] アイデンティティと共生の哲学』平凡社ライブラリー
広井良典（2011）『日本の社会保障』岩波新書
広井良典（1999）『創造的福祉社会』ちくま新書
フェスティンガー，L. 著，末永俊郎訳（1965）『認知的不協和の理論』誠心書房
フーコー，M.（1977）『監獄の誕生――監視と処罰』新潮社
藤田英典（1999）『教育学年報7　ジェンダーと教育』世織書房，pp.375-394
フレイレ，P.（2011）『新訳 被抑圧者の教育学』亜紀書房
マーティン，ジェーン＆バーバラ・ヒューストン（2006）「ジェンダーを考える」『バックラッシュ！』双風社，pp.200-240
望月重信編（2009）『変化する社会と人間の問題』学文社
本橋哲也（2005）『ポストコロニアリズム』岩波新書

第6章 就業とライフコース

はじめに

　私たちは，1人ひとりが各々の人生のなかで，就学，就職，転職，結婚，出産などさまざまなライフイベントを経験する．どのようなライフイベントを経験し，その時にどのような選択をしたのか，その積み重ねによってライフコースが形成される．

　日本社会では，高度経済成長以降広く定着していた性別役割分業型のライフコース―男性の場合は教育から就業への移行がスムーズで，失業率も低く，定年までの職業が保障されており，女性の場合はそのほとんどが出産・育児を機に離職するM字型の就業パターン―が1990年代以降，変化した．男性では，高卒でも大卒でも転職行動が高まり，職業経歴の複雑化と細分化がすすんだ．女性の場合は，若年労働者に非正規雇用が拡大し，転職も増加し，20歳代から30歳代のライフコースが，正規雇用，非正規雇用，専業主婦に，学歴別に異なるパターンで分化してきた[1]．

　これらの変化は，選択肢が増えたととらえられる一方で，その結果，格差の広がりが助長されたと見ることもできる．また，ライフコースが多様化したとはいえ，出産による失職のリスクの多くはいまだ女性に集中している．このような状況には構造的な要因が考え

られる.

本章では, なかでも就業に関わる選択に焦点をあて, 男性も女性も可能な限り主体的な人生の選択が保障されるにはどのような課題を克服すべきかを整理し, 個々人がライフコースを見通し人生の選択を検討する材料を提供したい.

1 性別役割分担意識と就業継続の実態

「ハウスワイフ 2.0」をご存知だろうか. 2013 年に同名の書籍が米国で出版され反響を呼び, 日本でも翻訳された[2].「ハウスワイフ 2.0」には, 従来の専業主婦 (ハウスワイフ 1.0) からバージョンアップした進化系との意味が込められている. かつての「専業主婦になるしかなかった」専業主婦とは一線を画し, 自ら「選択してなった」専業主婦を「ハウスワイフ 2.0」と呼んでいる. 仕事を辞め, 専業主婦として家事 (料理) に手をかけ, 手間ひまかけて子育てをし, 環境に配慮したライフスタイルを好み, SNS を使って日々の出来事について情報発信する, そんな「高学歴で進歩的な 20〜30 歳代の女性」が米国で増えているという.

それでは, 20〜30 歳代の日本人はどのような意識をもっているのだろうか. 内閣府が実施している「男女共同参画社会に関する世論調査」における「夫は外で働き, 妻は家を守るべきである」という考え方について世代による特徴を表したものが図 6-1 である. 2002 (平成 14) 年調査と 2012 (平成 24) 年調査を比較すると, 20 歳代, 30 歳代ともに男女とも賛成の割合が上昇していることがわかる.

この結果を見ると, 日本でも近年の米国と同様の傾向があるとみることができるかもしれない. しかし, 今日の日本で上述のような

図6-1 性別役割分担意識（夫は外で働き，妻は家を守るべきである）に関する世代による特徴：賛成の割合

(%)	〈女性〉						〈男性〉				(%)
60～69歳	50～59歳	40～49歳	30～39歳	20～29歳		20～29歳	30～39歳	40～49歳	50～59歳	60～69歳
70.2					大正12～昭和7年生まれ					75
50.8	54.3				昭和8～17年生まれ				64.8	53.7
52.3	40.6	53.9			昭和18～27年生まれ			59.8	47.4	55.9
	40.4	37.5	46.8		昭和28～37年生まれ		66.5	51.8	47.2	
		41	32.9	48.0	昭和38～47年生まれ	52.3	41.4	50.9		
			41.6	33.2	昭和48～57年生まれ	44.3	52.2			
				43.7	昭和58～平成4年生まれ	55.7				

■ 平成4年度，■ 平成14年度，□ 平成24年度

(備考) 1. 内閣府『男女共同参画社会に関する世論調査』（平成4年，14年，24年）より作成
2. 「賛成」及び「どちらかといえば賛成」の割合の合計値
(出所) 内閣府 (2013)『平成25年版　男女共同参画白書』p.24.

「ハウスワイフ2.0」を選択できるのは，安定した高収入のある男性と結婚していることが前提であり，終身雇用が崩れ非正規雇用が男性にも広がり，男性の収入が減少傾向にあるなかで，実現の可能性が高いとはいえない．

　実際には，世帯収入が貧困ライン以下なのに，働きにでていない専業主婦層が存在している．周燕飛 (2012) はその総数は推計で55.6万世帯も存在すると報告しており，生活状況が厳しくても働きに出ていない専業主婦が多く存在する理由は，外で働くよりも育児や家事に「比較優位」があるからであると説明している．彼女等の就業決定要因は，市場賃金を決める本人の属性（学歴，社会経験年数，正社員経験，専門資格の有無）ならびに，末子の年齢が重要な影響を

与えており,外で働くよりも育児や家事を担う方が市場価値として考えると相対的に高いことに起因する合理的選択であるという.

日本では依然として第1子出産前後に離職する女性が6割と多い(図6-2).そして,第2子・第3子の出産を経ても就業を継続し続ける女性は非常に少ないという状況である(図6-3).一方,男性について,退職・離職経験のある人にどのようなタイミングで退職・離職をしたのかを聞いた調査(複数回答)[3]では,結婚や妊娠・出産を機に離職・退職した男性は1割強に過ぎない.さらに,女性が妊娠・出産前後の時期に仕事を辞めた一番の理由は,「家事・育児に専念するため,自発的にやめた」割合が約4割と高く,次いで,「仕事を続けたかったが,仕事と育児の両立の難しさでやめた」が約2割となっている.そのさらに具体的な理由は,「勤務時間があいそ

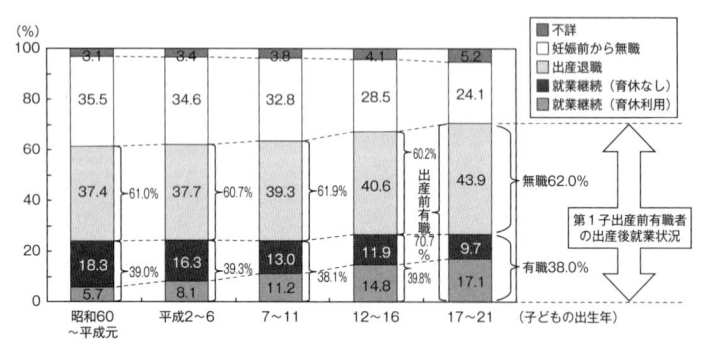

図6-2 子どもの出生年別第1子出産前後の妻の就業経歴

(備考) 1. 国立社会保障・人口問題研究所「第14回出生動向基本調査(夫婦調査)」より作成.
2. 第1子が1歳以上15歳未満の子を持つ初婚どうし夫婦について集計.
3. 出産前後の就業経歴
就業継続(育休利用)―妊娠判明時就業~育児休業取得~子ども1歳時就業
就業継続(育休なし)―妊娠判明時就業~育児休業取得なし~子ども1歳時就業
出産退職―妊娠判明時就業~子ども1歳時無職
妊娠前から無職―妊娠判明時無職~子ども1歳時無職
(出所) 内閣府(2013)『平成25年版 男女共同参画白書』p.85

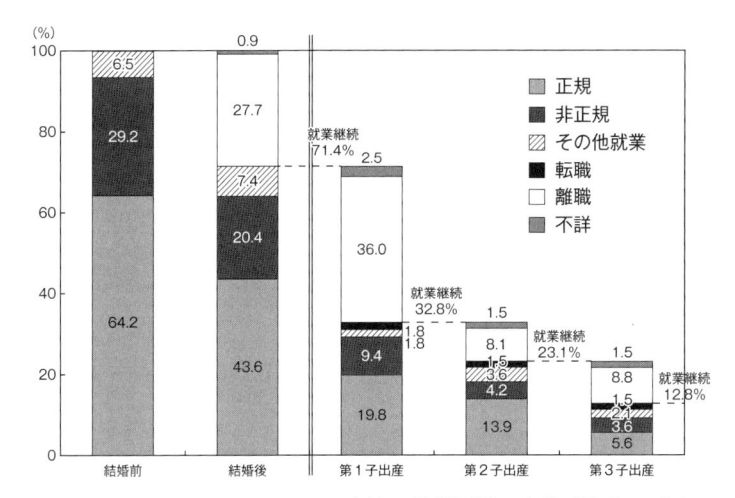

図 6-3 ライフイベントによる女性の就業形態の変化（平成 23 年）

(備考) 1. 厚生労働省「第 10 回 21 世紀成年者縦断調査」(平成 23 年) より作成.
2. 結婚前に仕事ありの女性を 100 としている.
3. 調査では，結婚と出産について別個に問いを設けているが，ここでは，全体の傾向を見るために 1 つのグラフにまとめている.
4. 結婚前後の就業形態の変化は，第 1 回調査時 (平成 14 年) から平成 23 年までの 9 年間に結婚した結婚前に仕事ありの女性を対象としている.
5. 出産前後の就業形態の変化は，第 1 回調査時 (平成 14 年) から平成 23 年までの 9 年間に子どもが生まれた出産前に妻に仕事ありの夫婦を対象としている.

(出所) 内閣府 (2013)『平成 25 年版　男女共同参画白書』p.26

うもなかった（あわなかった）」が 57.8％と最も多く，次いで「職場に両立を支援する雰囲気がなかった」が 45.1％,「自分の体力がもたなそうだった（もたなかった）」が 44.1％と多くなっている.

　実際に，仕事と子育ての両立は負担が大きい，保育所がみつからないなど，子育てと仕事を両立しがたい現実があるとともに，子育ての負担は母親に重くのしかかることを若い女性たちが知っているため，自発的に仕事を辞めたり，続けたくても辞めざるをえないという選択がなされていると推察される.

いずれにしても，出産に関連する失職リスクはこのように女性に集中しているのである．しかも日本の場合は，ひとたび正社員として働くことのレールから外れてしまうと，正社員として再び働くことへの壁は非常に高く，キャリアアップは難しいのが多くの場合の現実だ．そしてさまざまな理由はあれ，仕事を辞める（辞めざるを得ない）という選択が，長期的に見ると先に述べた貧困専業主婦や「貧困の女性化」と呼ばれる現象を招いている要因のひとつであるという側面がある．

2 日本における「貧困の女性化」の現状

「貧困の女性化」という言葉は，1970年代の終わりにダイアナ・ピアースが米国の社会福祉受給者の多くを女性世帯が占め貧困層に沈殿する現象に名づけたものである．貧困とはジェンダーと密接に関わる問題であるということである．

現在の日本で貧困とジェンダーはどのように関連しているのであろうか．阿部彩は国民生活基礎調査を用い，相対的貧困率の動向を分析しているが，女性の貧困率は男性よりも高く，35〜39歳からは常に女性の方が男性よりも高い貧困率になっている（図6-4）.[4]

さらに詳しく阿部の分析に依拠してみていくこととする．[5]勤労世代（20〜64歳）に限定して就労状況別にみると，当然ながら男性も女性も「主に仕事をしている」者が最も貧困率が低い．一方で，とくに男性は，「主に仕事をしている」以外の状況では貧困率が総じて高い．

また，働いているのに貧困である女性の率（ワーキングプア率）は13.0％と男性よりも高い．そして，2012年の調査で初めて，ワーキ

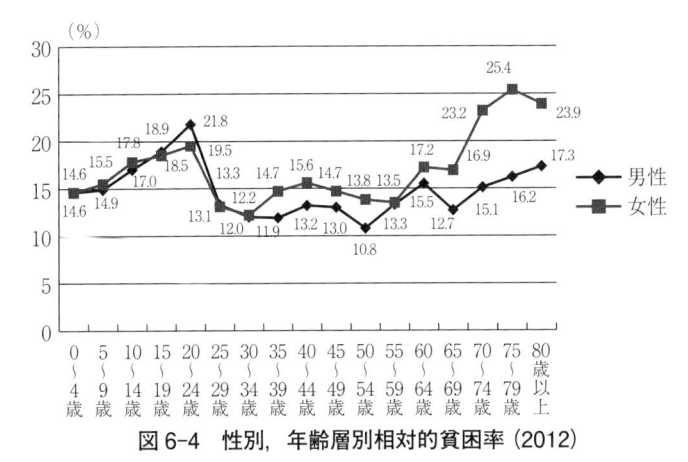

図6-4 性別,年齢層別相対的貧困率（2012）

(出所) 阿部彩（2014）「相対的貧困率の動向：2006,2009,2012年」貧困統計ホームページ http://www.hinkonstat.net

ングプア率よりも専業主婦（「家事」）の方が高い貧困率となっている．つまり，かつてのように結婚すれば男性が一人で稼ぎ手となって家族を養うという形態の維持が，賃金の低下，非正規雇用の増加等で難しい状況になってきたのである．

さらに，勤労世代の世帯類型別の貧困率をみると，「単独世帯」と「ひとり親と未婚の子のみ世帯」が際立って高く，性別でみると女性つまり未婚女性と母子世帯の貧困率が高い．その背景には，非正規雇用が若い世代にも広がったこと，また，その賃金水準が低いことの影響があるとみられる．とくに，日本のシングルマザーは，そのほとんどが働いているにもかかわらず貧困であるという特徴が長い間続いている．つまり，ワーキングプア率が高いのである（図6-5）．

次に，高齢者世代（65歳以上）に限定し，性別，就労状況別にみてみると，こちらも総じて女性の貧困率が高い（図6-6）．しかし，

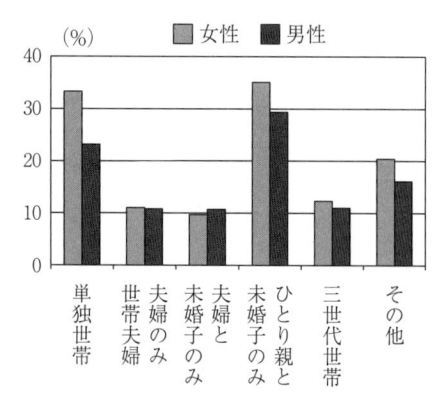

図 6-5　勤労世代（20-64 歳）の貧困率：性別・世帯タイプ別（2012 年）
（出所）　阿部彩（2014）「相対的貧困率の動向：2006,2009,2012 年」貧困統計ホームページより改変

　高齢者世代の女性の貧困は，シングルマザーと同じく，今に始まったことではない点に注意したい．

　たとえば年金制度を考えてみても，第 1 節でみてきたように正規雇用で働き続ける女性は非常に少なく，男性に比して平均寿命は長く，結婚した場合は結婚相手も夫の方が年上の場合が多いことを考えれば，夫亡きあとの年金だけでは貧困線以下になることは十分ありうることである（図 6-6）．

　このように女性に偏在する貧困について，女性たちの当事者ネットワークでは，下記のように「女は夫に養ってもらう存在」として放置されてきたと述べている[6]．

　　「男は妻子を養うもの」，そして「女は夫に養ってもらう存在」という，これまでの社会に広く浸透してきた価値観．そこから生まれてくる社会制度や生活保護費以下の女性の低賃金，雇用の調整弁と

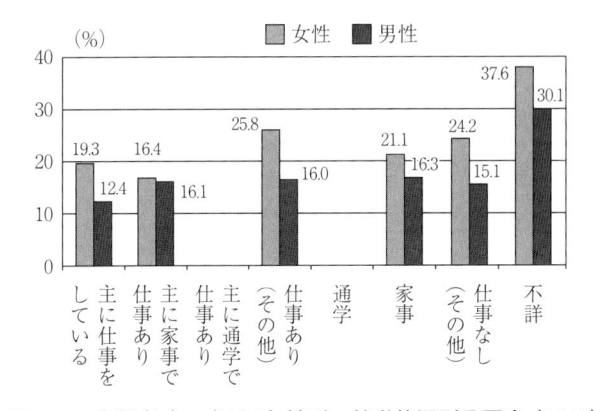

図 6-6 高齢者（65 歳以上）性別，就労状況別貧困率（2012）
（出所）阿部彩（2014）「相対的貧困率の動向：2006,2009,2012 年」貧困統計ホームページ

してパート労働や事務派遣労働に女性を据え置いていた問題や，男性の扶養に入らないシングルマザーたちの経済的困難は，事実上この日本社会のなかで放置されてきました．／そして今，「女・子どもを養うことができない男性の貧困が顕わになりましたが，「女性」が「貧困」であるということは，当初マス・メディアからも，ほとんど注目されませんでした．

つまり，家事や育児における責任が男女平等でなく女性に偏り，そのために女性のフルタイムでの就労が困難となり，そのことが労働市場における弱い立場に女性を追いやる．その結果，女性の賃金は低く，昇進や昇級への機会が減少する．そして，収入に結びついた拠出が給付とリンクしている年金制度により，老後の経済状態にまで影響を及ぼすという悪循環となっている．

また，現実には，出産・子育てのみならず，働きたくても病気・障害，看護・介護等家庭の事情で働けない人たちも同様に疎外されがちな労働・社会環境がある．どのような状況にあっても働くこと

が可能な社会の実現のためには，すべての人に「ワーク・ライフ・バランス」が不可欠であり，労働時間や責任の異なる多様な働き方を許容し，正規・非正規雇用の処遇の格差を縮小し，正規雇用以外の雇用者にも制度的なセーフティ・ネットを設けていくなど新しいルールが求められている．

3　就労継続のために必要な制度的課題

社会制度や雇用制度・慣行等の影響を強く受けることによる女性の貧困は，以前から存在していたが，2008年末の年越し派遣村に関わる報道により，男性の貧困事情があらわになった．ここでは女性固有の貧困を招いた構造について述べるが，それらは男性の働き方と密接に関連している．

藤原千沙（2009：20）は1985年を「女性の貧困元年」と呼び，1985年の，①男女雇用機会均等法の制定，②労働者派遣法の制定，③第三号被保険者制度の導入を女性の貧困を制度化したものとして挙げている．

ひとつめの男女雇用機会均等法は，1979年に国際連合が採択した「女性差別撤廃条約」を批准するために整えられた法律のひとつである．職場における男女の差別を禁止し，募集，採用，教育訓練，定年・解雇などの面で男女差別を禁止した法律である．

しかし，この法律では，「間接差別」が「間接差別」とされずに残っている．「間接差別」とは，たとえば，採用に際して「男性のみ」とするような直接差別はなくなったが，実質的に女性が不利になるような要件を採用や昇進の条件とするような措置のことをいう（しばしば雇用者側の念頭におかれているのは転勤の可否である）[7]．さ

らに罰則規定がないという問題点もある．

　また，男女平等の名のもとに女性の残業の規制や深夜業等を禁じた労働基準法の女性保護規定の段階的撤廃が盛り込まれ，法改正により現在までに妊産婦（妊娠中および産後1年以内の女性）に関する規制を残すのみでそれ以外の保護規定は撤廃されている．しかし，EU（欧州連合）のように，性別にかかわりなく時間外労働を含んだ労働時間の上限規制が定められているわけではないため，保護規定が外されたことにより労働条件が向上しないまま，労働強化が起こった．

　このような状況である限り，女性は無限定の総合職に就こうとはしないし，就いても図6-3でみた通り，結婚や出産を機に辞めてしまい，性別役割分業が維持されていく．つまり，男女雇用機会均等法は，一貫して，女性を従来の男性的（無限定的）な働き方に引き入れようとするものとしてあるという側面を持っている．男性の残業や転勤など無限定的な働き方を可能にしているのは，働いていないか限定的な働き方をしている妻や母が家事・育児の多くを一身に担っている場合が多いことによる．

　2つめの労働者派遣法（「労働者派遣事業の適正な運営の確保及び派遣労働者の保護等に関する法律」）は，1985年に制定され1986年から施行された．当時のいわゆるバブル景気とも時期が重なり，労働者派遣市場は右肩上がりで成長した．制定当初，労働者派遣法の対象範囲は，専門的な業務のみ例外的に認めるものであった．しかし，1999年の改定で，製造業務などの一部の業務を除いて原則自由化され，規制緩和へとその方向性を変えることとなった．2003年にはさらなる改定が行われ，それまで対象業務から除外してきた製造業務を対象に含めて，製造現場で労働者派遣を行えるようにした．

これは，厳しい国際競争にさらされた製造業における労働力需給調整に配慮したものである．

このような改定により，1990年代の半ば以降，2000年代半ばにかけて，不況の影響を受けて，とくに女性の若年層（15～24歳）で非正規雇用労働者の割合の上昇がみられた．

そのようななか，2008年秋のリーマンショック後には，大手製造業を中心にいわゆる「派遣切り」が社会問題となった．派遣は，「臨時的・一時的な労働力の受給調整に関する対策」とされており，正社員などとの置き換えにならない制度設計が強調されてきたのである（ただし，2015年9月には，労働者派遣法の改正により，雇用の安定化が推進されるよう派遣元事業主に対して雇用安定措置の実施が義務付けられた）．

総務省統計局の「労働力調査（詳細集計）平成27年（2015年）平均（速報）」によれば，2015年の正規・非正規別雇用者数は，男性は正規が2,261万人（前年に比べ2万人増加），非正規634万人（同4万人増加），女性は，正規が1,042万人（同23万人増加），非正規1,345万人（同13万人増加）となっており，女性の場合は非正規雇用で働く者が多数派となっている．日本では，正規と非正規の労働条件に大きな格差があり，非正規の賃金は極めて低く抑えられ，女性非正規の年間収入は，約半数（45.0％）が100万円未満である．日本における男女賃金格差は長期にわたって改善していない．

3つめの第3号被保険者制度の導入とは，主婦への年金受給を制度化したものであり，被用者（勤め人）の被扶養配偶者（ほとんどの場合，妻）は，保険料を払わなくても基礎年金を受け取れるという仕組みであり，「主婦年金」とも呼ばれている．「被扶養」と認定される条件は年収が130万円未満である（法改正により，2016年10月

より106万円未満に引き下げられる）ことだが，この範囲内で自主規制し働こうとするパート主婦が多いため，積極的な労働を抑制する効果をもたらしただけでなく，パートの賃金を上げようとする動きの歯止めとなってきたという側面がある．

しかし，たとえばシングルマザーがパートで働く以外にない場合（実際に母子世帯の母が正規で働いている割合は39.4％に過ぎず，52.1％は非正規雇用である）[7]，パート就労では必要な世帯賃金を稼ぐことができず，図6-5でみたように貧困状態に陥る．そしてこのひとり親世帯の貧困は長い間固定化されてきたのである．日本の母子世帯はそのほとんどが働き，人によってはダブルワーク，トリプルワークをしているにもかかわらず貧困状態にあるというのは，このようなことによる影響が大きい．

日本のパートタム労働者の賃金割合は，フルタイム労働者の賃金の56.8％であり，他国と比較すると，アメリカ（30.7％）とともに極端に低い．同一労働・同一賃金の思想が浸透しているヨーロッパ諸国は70〜90％となっている[8]．

非正規雇用の男性の増加もあり，パートタイム労働法が改正され（2015年4月施行），職務内容が正社員と同じパートタイム労働者に対し「賃金の決定，教育訓練の実施，福利厚生施設の利用に関し正社員と均衡のとれた待遇確保」を義務づけた．今回の改正では罰則や企業名公表も盛り込まれ，実質的な改善が期待される．

政府は「女性活用」を声高に叫んでいるが，女性のみに偏っている出産・育児の負担を減らし，男女ともにワーク・ライフ・バランスを実現することなしには実質的に進んでいかないとの指摘は多い．女性を特別扱いしなくても普通に働けるよう，働き方全体，残業，時間当たりの生産性（労働生産性），キャリアアップ・昇進昇級等に

つながる評価といった働き方の根幹から改革することが求められている．そして，子育て中の女性が労働市場に参入し，「新しい働く文化」が生み出されることが望まれる．

4 性別にかかわりなく，その個性と能力を発揮できる社会の実現のために

女性固有の貧困を招いた構造のいくつかについて前節で述べてきたが，いずれも「男性稼ぎ主モデル」を前提とした日本型雇用慣行や日本型雇用システムがその背景にあることが見てとれる．そのようなシステムは，高度経済成長期のように男性雇用者と無業の妻からなる世帯が大多数であった時代は，それ以外の世帯をマイノリティーとすることで機能してきた．しかし，経済成長が低迷し世帯類型も多様化した今日にあっては，さまざまな状況に対応可能なシステムとはいえない．

図6-7に示した国民の典型的なライフサイクルを見ると，専業主婦が一般化した高度経済成長期から現在にかけて，平均初婚年齢は上昇し，子どもの数も少なくなり，平均寿命はいちじるしく伸びている．もちろん，これはあくまでも典型的なライフサイクルに過ぎない．しかし，どのような人生を送るにせよ，働くことをどのように自分の人生のなかに位置づけていくのかは，何が起こるかわからない予想不可能な長い人生を生きていくなかで，実は多大な影響がある．

阿部（2011：185-186）は，「現代社会においては，多くの人が労働市場における就労を活動の中心としていることを考えると，（中略）どのような人であっても，『居場所』『役割』『承認』の形態として

1961（昭和36）年

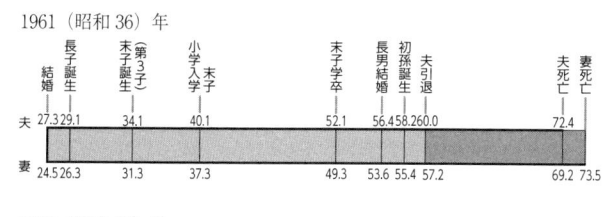

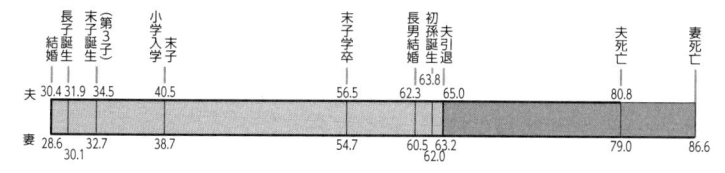

```
夫  結婚  長子誕生  末子(第3子)誕生  小学入学末子  末子学卒  長男結婚 初孫誕生 夫引退  夫死亡  妻死亡
    27.3 29.1   34.1         40.1       52.1   56.4 58.2 60.0   72.4
妻  24.5 26.3   31.3         37.3       49.3   53.6 55.4 57.2   69.2 73.5
```

2009（平成21）年

```
夫  長子誕生 末子(第3子)誕生 小学入学末子  末子学卒  長男結婚 初孫誕生 夫引退        夫死亡    妻死亡
結婚 30.4 31.9 34.5          40.5      56.5    62.3   65.0         80.8
                                                     63.8
妻  28.6   32.7              38.7      54.7    60.5  63.2         79.0     86.6
    30.1                                            62.0
```

図 6-7　統計でみた典型的なライフサイクル

(資料) 1920年は厚生省「昭和59年厚生白書」，1961年，2009年は厚生労働省大臣官房統計情報部「人口動態統計」等より厚生労働省政策統括官付政策評価官室において作成.
(注) 価値観の多様化により，人生の選択肢も多くなってきており，統計でみた平均的なライフスタイルに合致しない場合が多くなっていることに留意する必要がある.
(出所) 厚生労働省編 (2012)『平成24年版　厚生労働白書』p.150より一部改変

の「就労」の選択肢が提示されなければならない」と述べ，そのために社会のユニバーサル・デザイン化を提案している．すべての人がいきいきと仕事ができるようになるには，育児休暇や時間短縮勤務のみでは不十分であり，さまざまな事情を抱えた労働者が尊厳をもって働くことができるような職場の改革が必要であると述べている．

それではどうすれば職場の改革がすすみ，さまざまな事情を抱えた労働者が尊厳をもって働くことができるような職場が実現するのだろうか．

先に米国における「ハウスワイフ2.0」について言及したが，久我 (2014) は日本では「専業主婦2.0」と言い換えて，高学歴で夫が高収入の女性に限った現象ではなく，20～30歳代の若い世代全体

の「マインド」を指すとマーケティングの世界で取り上げられていることを紹介している.

そのマインドとは,「自分のキャリアを優先し家庭や子育てがおろそかになるような生活には, 価値を見出しにくい」というものである. より具体的には,「バブル崩壊後の不況下で育った世代は, 社会や勤め先への期待が低く, 生活を充実させる志向や家族志向が強い. 米国では母親世代だが, 日本では先輩世代が仕事と育児の両立で疲弊している様子を見て, 若い女性たちは閉塞感を感じている. また, 男性でもバブル期のような会社との蜜月時代は終わっている. 仕事以外のプライベートも充実させたいという意識が強まり, より若いほど家事や育児への関心も高い. もはや『専業主婦2.0マインド』は女性だけのものではない」ということであり, 男性も共有しはじめているという. このようなマインドをもつ人が増えているにもかかわらず, 現実の働く環境との乖離が大きいのが今の日本社会の現状である.

『ハウスワイフ2.0』の著者エミリー・マッチャーは,「男性も仕事を減らして, 家庭を大切にしたいと願っているのに, 現実には, それができているのは女性だけだ.（中略）けれど, 男性は相変わらず, 家族を養うという役目を担わされている」,「女性が働くのをあきらめてしまったら, 会社はいまと何も変わらず, 職場での女性の発言権もなくなってしまう. わたしたちは職場に踏みとどまって, 男性と同じ給料や, 適切な産休や, 人間らしい生活ができる勤務時間を手に入れなければならない」と述べるとともに, 若い世代の男性も働きやすい職場にしようと訴えることにより会社が変わると指摘している.

これは日本でも同様のことがいえるのではないだろうか. 女性が

妊娠・出産で仕事を辞めざるをえない労働環境は，極めて排除性の高いものであり，女性にとどまらず男性にも，そしてその他の事情を抱えるすべての働く人に影響を与えるのである．このような観点からもう一度，自分自身の人生のなかにどのように「働くこと」を位置づけるのか考えていただきたい．

注
(1) 岩井八郎 (2010)「戦後日本型ライフコースの変容— JGSS-2009 ライフコース調査の研究視角と予備的分析—」『日本版総合的社会調査共同研究拠点，研究論文 [10]』JGSS Research Series No.7, pp.193-204 に詳しい．
(2) エミリー・マッチャー著，森嶋マリ訳 (2014)『ハウスワイフ 2.0』文藝春秋
(3) 平成 20 年度厚生労働省委託研究「平成 20 年度　両立支援に係る諸問題に関する総合的調査研究報告書」三菱 UFJ リサーチ＆コンサルティング，平成 21 年 3 月．
(4) 「相対的貧困率」は，等価可処分世帯所得が中央値の 50% 以下のものの割合をいう．世帯のなかでどのように個人の相対的貧困率を算出するかについては，http://www.hinkonstat.net/ 相対的貧困率 /　等を参照して頂きたい．
(5) 阿部彩 (2014)「相対的貧困率の動向：2006,2009,2012 年」貧困統計ホームページ http://www.hinkonstat.net/ 平成 25 年国民生活基礎調査 - を用いた相対的貧困率の動向の分析 / による．
(6) 女性の貧困解決に取り組む団体「女性と貧困ネットワーク」ブログに書かれた団体の自己紹介文による．2008 年 9 月〜活動が始まり，2012 年 10 月活動休止となっている．団体の設立については，読売新聞 (2008 年 9 月 24 日) に掲載された．http://d.hatena.ne.jp/binbowwomen/about
(7) 2013 年に男女雇用機会均等法施行規則が改正され，間接差別の範囲が拡大されたが，抜本的に改める内容にはなっていない。
(8) 厚生労働省「平成 23 年度全国母子世帯等調査結果報告」による．
(9) 労働政策研究・研修機構『2013 データブック　国際労働比較』p.171

引用・参考文献
阿部彩（2011）『弱者の居場所がない社会』講談社現代新書
岩井八郎（2010）「戦後日本型ライフコースの変容— JGSS-2009 ライフコース調査の研究視角と予備的分析—」『日本版総合的社会調査共同研究拠点，研究論文［10］』JGSS Research Series No.7, pp.193-204
久我直子（2014）「子育て世代の専業主婦志向〜日本でもハウスワイフ 2.0 が増加？〜」ニッセイ基礎研究所
厚生労働省編（2012）『平成 24 年版　厚生労働白書』
厚生労働省編（2013）『平成 25 年版　厚生労働白書』
周燕飛（2012）「専業主婦の二極化と貧困問題」JILPT Discussion Paper　独立行政法人　労働政策研究・研修機構
内閣府（2013）『平成 25 年版　男女共同参画白書』
藤原千沙（2009）「女性の貧困元年としての 1985 年」アジア女性資料センター『女たちの 21 世紀』No.57, 2009 年 3 月
マッチャー，E. 著，森嶋マリ訳（2014）『ハウスワイフ 2.0』文藝春秋

終章 「ジェンダーと教育」の方法をめぐる基礎

はじめに

　本章では,「ジェンダーと教育」を考察するさいの方法論的基礎について述べてみよう.

　教育実践のなかにジェンダーを位置づけるということはジェンダーと「教育問題」を論究することである.

　ここで「教育問題」とは学校教育にのみ限定されるものではない広義の「人間形成の社会的基礎」をも含みうる. しかし, 本章では, 主に学校教育とジェンダー問題に絞ってこれにアプローチするさいに生ずる諸問題を明らかにすることがねらいである.

　ところで「ジェンダーと教育」を論究する目的は何か. 一言で述べれば男女平等教育の実践, ジェンダー平等に寄与するためである. そこで教師はすべて「フェミニスト教師」にならなければならないのか. その答えは本章を読んだ読者に判断を仰ぎたい.

　フェミニストといえば学校のなかで「女性解放運動」を起こすべき, スクールハラスメントを指摘してはこれを糾弾すること, 女性差別を撤廃する, 解放運動を展開することなどと想像するかもしれない.「男性社会」といわれる学校現場・職場において女性の従属的地位, たとえば校務分掌や管理職ポストの数, そして性別役割分

業の固定化などを想定できる.

　学校内での男性教師と女性教師とのあいだのセクシズムとハラスメント,学級内の男子生徒による女子生徒に向けるセクシズム言説は自明の世界であり法に触れるハラスメントを除いてマスコミにあまり登場しない.むしろセクシズムは自明の日常生活者にとってはコミュニケーションの「潤滑油」とさえいわれかねない.しかしここではその自明性を看過できないのである.では自明性の「再生産」はどうして起こるのだろうか.ジェンダーと教育の問題をとりあげることで考えていきたい.

　さて,「ジェンダーと教育」は運動論ではない(たしかにフェミニスト教育学実践―フェミニスト教師―は変革の志向性をもっているけれども).その教育実践の軸は学校組織や教育制度と教育関係に内在する「ジェンダー構成」である.教育実践と教育学との関係はザイン(教育の現状)とゾレン(教育のあるべき方針)という二項対立が引き合いにだされる.たとえばジェンダー学は何のための学問かと問われたとき性現象の科学であり,問題解決のための価値を求める学問ということができる.日本ジェンダー学会の設立(1997年9月)に関わった伊藤公雄はジェンダー学を次のように定義する.「ジェンダーに敏感な視点に立って,現状のジェンダー・バイアスを是正することを目的とする,学際的かつ実践的な学問のこと」(日本ジェンダー学会 2000).

　この定義からジェンダー学はあきらかにゾレン性(あるべき是正をめざす)を中軸としている.つまり,ある意味では運動を志向する学会であるといえる.その是非をここで問うことが本章の目的ではない.「ジェンダーと教育」は《ジェンダー学と教育学》の交叉学問―接点の学―を言い表したものと決定づけられない.なぜなら

ば今日でも交叉する個別の学問の目的，内容，方法の機構の厳密な議論がなされていないと思われるからである．したがってここでは「ジェンダーと教育」は研究の地平において，さまざまな研究課題を取り上げて考察することと規定しておきたい．

つまりジェンダーと教育は女性学と男性学を除いて価値志向を総合的に求めるのではなく多様なジェンダー問題を確認して問題の背景を探ることであるとする．そして学校教育において「『ジェンダー問題』はなぜ存在するのか」，「隠れたカリキュラム（潜在的カリキュラム）とジェンダーはどこでどうつながるのか」，「学級内のジェンダー構造を創っている内部過程をどう解釈するか」などの問いを立てて「ジェンダー構成」や「解釈過程」や「ジェンダー・コード」を考えてみる[1]．

こうしてジェンダーと教育の研究でさまざまな「ジェンダー問題」をとらえジェンダー化社会の構造や制度に眼を向けること，また海外のジェンダー研究の方法にも注目できるようになることを期待することがねらいである[2]．

1 性役割にみる二元論

ジェンダー研究のひとつに「性役割」理論がある．以下，コンネル (R. W. Connel) の批判的な指摘を確認しよう[3]．

まず，役割は常に規範・模範と裏腹である．そして，性役割研究は「逸脱」概念をともなうことに留意しよう．また，役割にいつも「期待」が求められるから規範的で標準的な指標が価値づけられる．規範や標準から「外れる」ことは不適切な社会化の結果と判定されるか個人の行為と判断に「異常」とラベリングする「心理主義」に

陥ってしまいがちである．性役割についてはそれが「生物学的」な区分に基づいていて性現象が個人の特性へと還元されることがある．こうした判断の傾向にコンネルは次のように指摘して批判する．

「性役割理論は変動を歴史として，つまり日常社会行動と社会構造との交互作用のなかで生みだされてきた変容としてとらえることができない，という点にある．性役割理論では，構造は所与の生物学的な二分法である．しかし日常行動の側からみた場合にあらわれる役割の最終的な主意性は社会的決定論の貫徹を妨げる．この結果つねに変動は性役割にふりかかり性役割と衝突する何かととらえられる」（コンネル 1993：102）．

性役割が構造を視えなくさせている．たしかに性役割は社会的決定論を回避するよう機能するが変動が生物学的・生理学的な「意志決定」に基づいて認識されてしまうため，性役割がどんなものなのかを考えることができず，性役割が責任倫理の主観性のなかで再定義されることになるのである．

責任倫理の主観性は役割に忠実であるということであり，それだけに役割理論には積極的な意味がある．また，一方で役割遂行から逃れたいと思い，コンネルが指摘する「本当の自分」を取り戻そうとするがどうしていいかわからないという「心理」に陥ってしまう[4]．

社会化は規範の内面化の側面があり，彼女／彼らは社会が女性，男性にとって適切かつ（社会に）適応し得ると考えることが可能な「性格特性」を発達させることである．この規範を「逸脱」する者に対しては否定的なサンクション（制裁）を加えることで，次世代に規範を伝達するのである．ここに性役割体系は本来的には「安定化装置」を備えていて再生産されるようになるのである（コンネル 2008）．

私たちはジェンダー学習に一定の「社会化モデル」が存在するのかと関心をもつがコンネルが指摘するように，モデル自身に発達における矛盾―両親の発達パターンの内面化の失敗―が存在し得るし，学習者は常に受動的ではなく能動的であることも確かなことである．ジェンダー化された社会で成長している子どもたちが必然的にジェンダー関係に遭遇し，積極的にこれに参加するが生活は不安定であるために子どもは巧みにジェンダーパターンに関与したり，しなかったりの「ジェンダー・プレイ」をするのである．

　コンネルは次のように述べる．性役割理論では対象を認識するさい変動がジェンダー関係そのもののなかで生まれてくる一つの弁証法としてとらえる方法をもっていないという．「合意」と「前提としての平等原則」が約束されているという命題から性役割理論が構築されているため緊張・対立が回避されてしまうのである．

　性役割理論を一度，脱構築して「役割」に忠実な人間に対し，変動への認識を可能にする方法を探ってみることをコンネルは述べているが，そう簡単なことではない．なぜならば，ひとつには個人の特性や「ジェンダー指向性」に関わる問題であり，2つめはジェンダー社会の基底構造である近代社会の仕組み，つまり近代の二元主義があるからである．

2　近代社会における個人の二元主義

　ここで二元主義を取り上げるのは現代フェミニズム思想が二元主義に挑戦したことと関連する．女性の「従属的地位」と「私的領域」に生きる状況の指摘，性差別文化の克服，第2波フェミニズムにみる男性中心の性差別の文化の変革を求めるなど，さらに近代諸科学

が欧米中心的志向をもっていて秩序維持の性格に対する批判があり，女性の側からの（近代科学への）変革運動の取組みなどが指摘される（井上 1997）．

さて，二元主義とはグレノン（L. M. Glennon）によれば「表出から手段を，公的から私的を切り離すこと」（グレノン 1991：17）である．グレノンは性差別主義と男性の優越主義とは近代社会全体に広がっている二元主義の危機の表現形にすぎないという（同上：8）．そこでその形を出現させている官僚型社会でなぜ，どのようにして「性的二元主義」が引き継がれていくのかということである．

近代社会を特徴づける二元主義についてグレノンは次のように述べる．

「近代の世界観の基調をなす一般的な思想上の仮定は，人間性が社会的文脈に依存しないということである．私たちは，私たち人間性において等しいのであり，人種や年齢や性といった属性的特徴は，この平等であるということには，なんの影響も与えない．にもかかわらず，私たちは，意識上（たとえば，ことわざや冗談）や制度上（たとえば賃金格差や分業）では，性的二元主義を引き継いでいる．私たちは，若い女性たちを表出的に訓練しておきながら，彼女たちが（学校や仕事で）手段的に行うことを期待する」（同上：25, 26）．

この指摘からいくつかの課題を提起できる．①人間性において等しいということが，属性的特徴に影響を与えないと言い切る根拠はどこにあるのか，②性的二元主義はどのようにして引き継がれるのか，③若い女性たちに期待する「性役割」を廃棄することは果して可能だろうか．本書でこの課題について読者といっしょに考えていきたい．

二元主義が「常識化」している近代の官僚性的世界観が背景にあ

りそうである．そしてこの課題を読み解くカギのひとつに「手段的=公的領域が表出的=私的領域を凌駕するというヒエラルヒーの構造」(同上：26) があるのではないかと思われる．

　常識世界としての日常性を生きる私たちは手段的であることと表出的であることとは両立不可能な2つの行為である仕方を自明のものとして生きている (同上：29)．しかしフェミニスト社会学者はグレノンの指摘を待つまでもなく男役割・女役割・男らしさ・女らしさの二元主義を「正常」かつ「必要なもの」と定義することによって，性差別を正当化してきた事実を批判する．これに関連して，アン・オークレー (Ann Oakley) は，次のように述べている．

　「社会における女に対する差別と社会学における性差別主義とは対をなしている」(オークレー 1980：2).

　このことは女性学からの批判である近代科学の男性志向性と性差別的な社会において男の興味や活動のみに焦点を合わせる方法を問題にすることでもある．社会科学の世界で「女の不可視性」の領域を分析することは興味深いがそれでは日常生活の現実の社会学的分析—正確には日常生活における行為を導く知識—をどうとらえたらいいか．これをジェンダー論に繋げたとき，次のバーガー＝ルックマンの日常生活に関する指摘は，示唆に富む．

　「日常生活の現実は現実として自明視されている．それはその単なる存在以上になんら補足的な検証を要しない．それは自明で強制的な事実性として，極端にそこに存在する．私はそれが現実的であることを知っている．この現実について疑ってみることは不可能ではない」(バーガー＆ルックマン 1977：1)

　ここではジェンダーの視点から「強制的な事実」「現実について疑ってみる」ことに注目しよう．ジェンダー関係の「没問題化」を

「問題化」することはいかに可能か？　関係の常態は「取り繕い」「社交性」「交換：贈与」を付帯させているのが日常性である．この日常的な連続性の現実を断ち切ることは何によって可能であろうか．自明のルーティーンを生きていること，新しい事態が起きないかぎり「問題化」され得ない．しかも「問題化」されたとき必ず，日常生活の没問題的なルーティーンへと再統合されてしまう．

　ジェンダーの授業実践において，またジェンダーに関わる言説を誰かに表明したとき，表明者は「限定的意味の領域」のもろもろの使用としてしか解釈されないか，「変わり者」とか，ときに「逸脱者」とみなされるという経験はないだろうか．

　経験をとおして日常世界には男性支配のパラダイムが埋めこまれているからではないか，と疑ってみる．ジェンダーの組み立てのパラダイムをレヴィ＝ストロース (C. Levi-Strauss) は，こう批判している．

　「女性の交換に対する男性の支配力を，文化それ自体と同一視し，男性による女性の従属化のうえに文化を築きあげようとしている」(グリーン＆カーン 1990：10)

　レヴィ＝ストロースはそこに「性とジェンダーの体系に先行する『威信の構造』の存在」を指摘し，また「威信を表現するコード」がつねに研究者にはあると指摘した．性現象のなかにジェンダーをより明確に顕現させてしまう規約である「ジェンダー・コード」に注目する必要がある．さらに「威信コード」をもつのは研究者であるという．ジェンダーコードにおける威信コード（優位性，優劣判断）を発見することでジェンダー関係を変容させるきっかけになるかもしれない．そして，ルーティーンへと再統合されないで日常的世界で「ジェンダーへの気づき」を可能にするために日常生活のなかの

「間主観的世界」の構築が求められる．

　さて，ボーヴォワール（Simone de Beauvoir）の言葉—「人は女として生まれない．女になるのだ」—は「ジェンダーは構成される」という事実を述べたものだが，「間主観性」を主張する以前の世界を述べたものである．構成される日常的世界で人はひとつの文化的強制のもとで女になるのである．私たちはこの「構成」（construction）に注目する必要がある．つまり，ジェンダーは「性の文化的解釈」をさす言葉だが，そのジェンダーは「文化的に構成されたもの」であるというとき，その「構成」の仕方や構成されるメカニズムはどういうものか．転換の可能性や構成体の形成を排除したものか，それとも社会決定主義を言い当てたものなのか．ジェンダー構成はいついかなるもとで行われるのか，これらは重要な課題である．[6]

　ところで，社会化はジェンダー構成に関連あることは周知の事実である．子どもはそれぞれ男性と女性に与えられた所与の文化の「理想」に従っていかに振舞うかを学習していくことである．しかし従来の社会化論者たちは，子どもが生まれる以前に子どもの性を考察の対象とする．生まれて子どもに与えられるジェンダー・ラベルがまずあって次の社会化装置である名前・衣服・玩具・信念・行動・価値観などが導きだされる．ジェンダー構成がジェンダー・ラベルによって明示された領域によって成り立っている．これではジェンダー関係を生きる人びとの間で〈構造—ジェンダー差別〉からの葛藤の心理や権力の作用などを読みとることができない．

　さらに，次のように問うてみよう．ジェンダー・ラベルはだれが貼っているのか，ラベルを貼られることによってひとはどういう「ストラテジー」をもつようになるのか．これは興味深い問題である．[7]

たしかに教育学や教育社会学，また子ども社会学の分野で，"フェミニスト"の方法を発展づけて日常性の現実を解くこと，そして問題解決への足掛かりをつかむことができるかもしれない．教育研究のうえで女性の地位向上の声を取り上げて「女性問題」を主題化することで問題解決をめざすことは間違ってはいない．そして「問題である」という認識から社会学や教育社会学，子ども社会学の理論の概念や枠組みで性を括ることは否定できない．

問題とは日常生活の社会的組織の特性であるが経験的世界に問題が潜在していていままでに提起されてこなかったものである．だからこそ「新しい事態」として一連の疑問として関心が向けられる．ジェンダーを「問題視」することはどういうことなのかをあらためて考えることこそ重要なのである(8)．

3 ジェンダー問題の研究の基礎

たとえばカリキュラムを考えてみよう．教育目的の実現のために学校で行う教育的働きかけの計画である．この定義からカリキュラムがジェンダー分化を生じさせる源であるという仮説は成り立つ．「潜在的カリキュラム（隠れたカリキュラム）」はいうまでもなく，教科教育で「教科の成層構造」（家庭科・音楽科・国語科など）と担当教師の属性についてはジェンダー・バイアスを含んだ「教科へのパースペクティヴ」が子どもたちのなかに形成される可能性が指摘される（堀内 2001）．

教材の内容はかつてのようにセクシズムに満ちたものではなくなったが(9)，性別による知識の差異的配分は家庭科の男女共修の実施などから改善されたものの，武道の必修において選択科目にするな

ど別学・別習，共学・共習の議論はまだ余地がありそうである．なぜならば教育課程の編成の規準と学校裁量は柔軟であるが，策定と留意の過程が「みえる化」されているか不明だからである．

教材の中に性差や性差別が存在しているという指摘や批判があるが (伊東・大脇他 1991)，こうした実証や考察で批判が「何のために行われるか」はあまり議論されていないと思われる．国語や歴史の教科書に登場する人物は，男性が圧倒的に多いとか，生活科や技術・家庭科の教科書に描かれているのは典型的に父親像，母親像であり，性役割分業が基底にあるという指摘は新鮮であったが「では，そのあとは？」という問いと議論が重要なのである．

ジェンダー研究が単に性差や性差別の指摘と理解にとどまらずにその資料から生徒たちとどのように話し合っていくのか，また教科学習と教科外学習との連携を行って男女相互理解へと導かれる実践から得るものは多いと思われる．たとえば次の中高等学校のジェンダー・フリー教育の目的は明解である．

「現実の中で生きる上でのひとつの選択肢，言い換えれば，自分らしく生きるための鍵を手に入れること (中略)，ジェンダー・フリーという概念に気づき，それを知ることによって，自己を (また一方で他者を) 見つめるための，新しい視点を得ること，そして，その新しい視点が，新しい自分を発見するキッカケとなればよいと思う」(今井 2001)

この実践の教室の雰囲気はどういうものであるだろうか．「制度化されたジェンダー言説」つまり「倫理的な言説空間」だけが飛び交っているとは想像できない (亀田・舘 1990)．

藤田英典は「教育内容のどのような部分，教育課程におけるどのような慣行を，学校教育のどの段階で変えていくのか，どの段階

で争点を含んだ問題として子どもたちに提示するのか」(藤田 1993：287)と提起している．この指摘はそれぞれの学校の個性を活かした実践の導きとして傾聴に値するものである．

　ジェンダーと教育を学校教育のなかで反映させていくために必要なことは，ジェンダーと教育の研究の前提として，「いま，学校で具体的にジェンダー問題としてどんなことが起きているのか」を問うことから始めかくれたカリキュラム，成績の顕著な男女差，職業選択の偏り，進路指導のジェンダー・バイアス，そして「性同一性しょうがい」など，眼に見える「性現象」を取り上げることである．

　それが顕在的カリキュラムであろうと，潜在的カリキュラムであろうと，昨今の教育改革の動き（道徳の教科化・小学校高学年の英語教育必修化など）をジェンダーの視点からとらえ直し，学校が社会的統制（意図的・学校的社会化）の場であって子どもたちのジェンダー観の偏見を助長していないかなどジェンダー社会化について考えていく必要があろう．

　木村涼子の先駆的研究『学校文化とジェンダー』(勁草書房，1999)にみるように，男子と女子には質的に異なる〈地位の予期的配分〉があり，社会化過程の実証的分析から，子どもたちが変容する学校文化を通じて固定的な性役割や男女の適性を意識するようになるという指摘に注目しよう．女性と男性の「文化的能力を同等に」価値づける仕組みを考えることである．そして「両性に公正であること」のためにジェンダーを実体化しないで，ジェンダーは女子と男子の相互作用のなかで生じる関係カテゴリーであること，この「関係性」の気づきと認識が学校制度・組織に対する批判的想像力になるよう，とくに教師がジェンダーに敏感になることが求められている．

　すべての教師はフェミニスト教師ではない．教室で学ぶ生徒は自

由で多様性を生きる存在である．しかしその学習環境は「産業優先原理＝新自由主義」と「父権制原理の残滓」の混成によって創成されていることは否定できない．とくに中等教育段階では初等・中等教育のジェンダー落差（木村涼子）を超えて今やジェンダーがフラット化されていること（小中一貫・中高一貫教育や中等学校化など）に注目したい．

　従前の学校観や教職観の認識枠組みをとらえ直すにあたりフェミニスト教育学は何を問題にしているのかあらためて注目する必要がある．セクシズムが制度化されている（これを institutional sexism という）こと，その構成をとらえることは意味がある．さらにミクロとマクロの境界を個別にみるのではなくジェンダー関係が学校だけではなく家庭内ジェンダー秩序＝イデオロギーに基づいて作動しているのではないかという仮説を考えてみる．学校教育のなかの人権教育にジェンダー問題を入れること，そして男女共同参画社会基本法（1999年制定）を学び，ディセント・ワーク（人間らしい生きかた）と男女のワークシェアリングが第6条で述べられているが，その背景を検討してみることも重要である．

　こうした観点を「ジェンダーと教育」の研究課題としてとらえ返してみると以下の課題が提起される．①ジェンダーと教育は何のための研究か，②研究の方法をどう組み立てるか，③研究者のジェンダー観と研究対象領域の設定と方法は何か，④ジェンダー研究者のジェンダー実践をもっと公開すべきではないか．

4　課　題

　本章で1980年代の末から欧米（とくにイギリス）で研究が盛んに

なった「ジェンダーと教育」の問題の動向と背景を踏まえて自由に述べてきた.
(11)

　ジェンダーと教育を「問題化」する方法を述べてみたかったがまだ十分ではない．人は（研究者も含めて）なぜどのようにその問題を社会の「問題」にするのか？その「社会問題」は「教育問題」としての「ジェンダー問題」であると判断することが可能なのは何によってか．これらの議論は尽くされていない．

　ジェンダー問題は「社会問題」であると同時に「教育問題」であるという立場に身を置いて，「ジェンダーと教育」を研究するさいに現れる諸問題—とくに方法の問題—について考察を加えてみた．「社会問題」「教育問題」「ジェンダー問題」に関して研究の起点をどこに求めてどこに行きつくのかが曖昧である．(12) 今後の研究の厳密さを求めるにこの点について明確なものにしなければならない．そこから実践性を抉るために必要なことを考えることが可能と思われるのである．

　性現象自体は教育現象ではない．性現象を「教育問題」と承認するのは行為者の行為が「教育的行為」として認められ，「教育的行為としてのジェンダー関係」の現実構成を確認することによってである．その現実構成を記述，説明するさいの概念枠組みに何があるか，それはジェンダー・スタディーズのキーワードとして多く論じられる（ジェンダー・アイデンティティ，トランスジェンダー，セクシャルオリエンテーション等々）．

　ジェンダーバックラッシュはかえって「ジェンダー研究は何のための研究なのか」を反芻させたと思われる．またジェンダーに関する実証調査から安易なジェンダー分析をすることでジェンダー関係の現実を視えなくさせてしまうことも戒めたい（たとえば「女性専

用車利用と逆差別の指摘」,「性の商品化は女性差別である」という言説が社会構造の規定を視えなくさせてしまうことなど,男女の「らしさ」の比較・対照が個人の特性論としてデータ化されることで個性的心理主義として説明されるなど).

　筆者はいままでジェンダー研究者のジェンダー研究の成果を学会の「課題研究」で聞き,ジェンダー著作物をかなり読んできた.そして,新しい海外の理論と方法の深化,またジェンダー調査結果の紹介とジェンダー研究の細分化が進んでいるという印象をもっている.そのこと自体,異議を唱えないが,研究の「知の水準」の維持は確認できてもいまだ「ジェンダー研究は何のためか」について個々の研究者からは聞こえてこないのである.[13]

　ジェンダー研究は,事実を説明するザインの学であっても「自己遡及性」「再帰性」を回避できない研究であるといまでも考えている.

付記　本章は「『ジェンダーと教育』の基礎視角」―2節(望月重信著『子ども＝社会への構図』高文堂出版社,1994年　所収)の筆者の文章を大幅に加筆・訂正を加えたものである.

注
(1) 天野正子(1988)「『性と教育』研究の現代的課題」『社会学評論』No.155,学級における性自認を確立していく過程と「かくれたカリキュラム」によるジェンダー再生産のメカニズムを解く標徴が明らかにされている.新しい教育社会学の潮流が背景にあることは興味深い.以後教育社会学におけるジェンダー研究の展開が始まったといっても過言ではない.
(2) たとえば次がある.マイラ＆デイヴィッド・サドカー著,川合あさ子訳(1996)『「女の子」は学校でつくられる』時事通信社：ジュディス・バトラー著,竹村和子訳(1999)『ジェンダー・トラブル―フェミニズムとアイデンティティの攪乱』青土社：R.コンネル著,多賀太監訳(2008)『ジェンダー学の最前戦』世界思想社

(3) ロバート・W. コンネル著,森重雄他訳(1993)『ジェンダーと権力,セクシャリテイの社会学』第3章,三交社
(4) この心理は女であることと人間であることの「性自認」のジレンマの問題.人間としての叫びが女であることを否定する(される)かのように読まれ,二者択一を迫られるか「役割特性」論から決定されてしまう.佐倉智美(2006)『性同一性障害の社会学』現代書館,性別という枠組みが個々人の自由な選択をさまたげ,生きかたの可能性をせばめている,という観点から社会学的な立場からトランスジェンダーに注目している.佐倉自身トランスジェンダー(男性から女性へ《MtF》)である.
(5) これについて,コンネルは「ジェンダーのカテゴリー理論」を展開している(コンネル 1993:106, 107)
(6) ジェンダー構成の社会学的分析は重要である.構成が生理学的決定主義に基づくとすれば構成の文化領域も決定論にならざるを得ず,ジェンダー構成から自立性の原理を析出することができないと考えられる.これを超える視点を論究しなければならない.Judith Butler (1990) *Gender Trouble — Feminism and the SUBVERSION of Identity*, Routledge, p.6, 7:翻訳書は上記注2参照.
(7) ジェンダー・ストラテジーとはP. ウッズ(Woods, P. (1983), *Sociology and the School*, RKP)で言及された概念から用いている.相互作用のなかで各行為者がみずからの「状況定義」と行為目的を効率的に展開するための策をさす.ジェンダー差別及びジェンダー・ジレンマに対処し,切りぬけながら自己を防衛していこうとするいわば「ジェンダー・サバイバル・ストラテジー」(筆者望月の造語)は日常世界で「常識」となっている.フェミニストはこれを論難するかもしれない.状況的秩序維持機能としてジェンダー・ストラテジーは「ジェンダー再生産」に寄与していると批判を向けることが予想される.今後の検討課題である.
(8) 問題としての「日常生活の構成」をフェミニスト社会学の観点からいかにとらえるかがここでの問題意識としてある.「問題化」するということはどういうことなのかを検討することはジェンダー研究の基本である.「問題」を「問題化」するまでの認識上の「化する」論理と「問題」と措定する認識の「問題」がある.次の文献は参考になる.Dorothy E. Smith (1987) *The Everyday World as problematic — a feminist sociology*, Open University Press, pp.88-91.
(9) わが国の国定教科書に見る男尊女卑や良妻賢母主義の教材を想定している.次の文献は関連する草分け的文献.小山静子(1991)『良妻賢母という規範』―第4章・第5章,勁草書房.古典書は,深谷昌志(1966)『良妻賢母主義の教育』黎明書房.がある.

(10) 従前の教職観は，聖職，専門職などを想定するが，教師労働者論とフェミニズムの観点は検討する余地がある．フェミニスト教師の仕事は「子どもたちを社会変革のための」たたかいに招くこと，したがって学校の外に連れて行かなければならないとするならば大きな障壁がある（教育基本法第14条，地方公務員法第36条，教育公務員特例法第18条）．
(11) その動向については日本教育社会学会編 (1992)『教育社会学研究第50集，教育社会学のパラダイム展開』を参照．フェミニスト教育社会学については筆者の論稿を参照，S. Mochizuki, (1991) Gender Issues in Education — An Introduction,『明治学院論叢』第482号，F. A. Maher & M. K. T. Tetreault (2001) *The Feminist Classroom*, Rowman & Littlefield, 教室における Positionality と Positional Pedagogies はジェンダー研究に貴重な示唆を与える概念である．
(12) 「ジェンダー問題の構築」については次の文献が参考になる．J. I. キッセ & M. B. スペクター，村上直之他訳 (1990)『社会問題の構築―ラベリング理論を超えて』マルジュ社．
(13) ジェンダー研究で師事した M. アーノット教授（ケンブリッジ大学）との交流で (1990年―1年)，筆者の研究姿勢の反省から来るものである．アーノット初めイギリスのジェンダー研究者らはフェミニズムとの関連をかなり意識していて自らをリベラル・フェミニスト，ラディカル・フェミニスト，ソーシャル・フェミニスト，マルキシズム・フェミニスト等のいずれかを信奉しているかないしそれぞれの考えに近いと表明するが日本では皆無である．ジェンダー研究が社会改良ないし学校制度改革や組織文化の批判につながるだけにアカデミック「界」からの「逸脱」を回避している．ジェンダー研究とフェミニズム思想・運動はある特定のイデオロギーに基づく偏向した思想であり，人びとを惑わし，混乱を起こすジェンダー研究者＝「体制変革者」であるというラベリングが席捲した（いわゆるバックラッシュ）．それ以降，ジェンダー研究がかつてのように (1980年代後半～2000年代初頭) 隆盛しなくなった．今日構築主義や構成主義に対する見直し―自己言及のパラドックスや言説決定論的な議論―など「ジェンダーの相対性」を論じる可否等を検討する必要があると思われる．

引用・参考文献

伊藤公雄・樹村みのり・國信潤子 (2011)『女性学・男性学―ジェンダー論入門（改訂版）』有斐閣

伊東良徳・大脇雅子ほか (1991)『教科書の中の男女差別』明石書店

井上輝子 (1997)『女性学の招待　新版』有斐閣

今井亮仁 (2001)「女らしさ，男らしさよ，さようなら」金井景子編著『ジェンダー・フリー教材の試み』学文社

オークレー，A. 著，佐藤和枝・渡辺潤訳 (1980)『家事の社会学』松籟社

亀田温子・舘かおる (1990)「教育と女性学研究の動向と課題 4. 学校教育における男女平等教育」女性学研究会編『女性学研究』—ジェンダーと性差別第 1 号，勁草書房，pp.138-143.

木村涼子 (1999)『学校文化とジェンダー』勁草書房

グリーン，G. & コッペリア・カーン編，鈴木聡他訳 (1990)『差異のつくりかた—フェミニズムと文学批評』勁草書房

グレノン，L. M. 著，坂本佳鶴恵訳 (1991)『フェミニズムの知識社会学』勁草書房

コンネル，R. 著，多賀太監修訳 (2008)『ジェンダー学の最前線』世界思想社

コンネル，R. W. 著，森重雄訳 (1993)『ジェンダーと権力，セクシュアリティの社会学』三交社

千田有紀・中西祐子・青山薫 (2013)『ジェンダー論をつかむ』有斐閣

田中雅一・中谷文美編 (2005)『ジェンダーで学ぶ文化人類学』世界思想社

直井道子・村松泰子編 (2009)『学校教育の中のジェンダー，子どもと教師の調査から』日本評論社

日本ジェンダー学会編 (2000)『ジェンダー学を学ぶ人のために』世界思想社

バーガー，P. L. & T. ルックマン著，山口節郎訳 (1977)『日常世界の構成』新曜社

藤田英典 (1993)「教育における性差とジェンダー」有馬朗人著者代表『東京大学公開講座 57　性差と文化』東京大学出版会

堀内かほる (2001)『教科と教師のジェンダー文化』ドメス出版

マネー，J. & パトリシア・タッカー著，朝山新一ほか訳 (1979)『性の署名—問い直される男と女の意味』人文書院

目黒依子 (1980)『女役割—性支配の分析』

望月重信・近藤弘・森繁男・春日清孝編著 (2005)『教育とジェンダー形成—葛藤・錯綜／主体性』ハーベスト社

渡辺和子・金谷千彗子・『女性学教育ネットワーク編著 (2000)『女性学教育の挑戦—理論と実践』明石書店

付章　ジェンダー関連の講義で良く出会う FAQ
　　　―リアクションペーパーを通して

　ジェンダーに関する講義に限らないが，講義の概要や目的，計画が，現にどのように受講者に受け入れられているのか，どのような疑問や異論が存在しているのかを確認することは必須であろう．

　以下，ジェンダー関連の科目で筆者（春日）が受けた質問や意見と，それへの対応の一部を掲載しておく．もちろん，ここに掲載したものがすべて「正解」であると主張するつもりはないが，思い込みやステレオタイプをも考慮に入れながら，認識を拡げ考察を深める一助としてほしい．

　なお，この付章を参照しやすいようにトピック毎に分類し通しナンバーをつけた．また，それぞれの文面はオリジナルの表現ではなく筆者により編集されたものである．

　　　＊以下，若干の凡例として，「／」は関連意見としての並記，「⇔」（双方向の矢印）は対立意見，「⇒」（右向き矢印）はそれに対する教員のコメントを表す．なお「＊」によって参考文献を提示しておいた．

1. 生物学的性差と社会・文化的な性差をめぐって
　1）男女は違う存在であるという主張
　　①男女は生物的に違う
　　・男性は本質的に力が強い／骨格のレベルで異なる／男性の方が運動能力が高い／生物としての器官や構造が違うのだから平等に扱うのは不可能である
　　・男女での体力や思考速度の違いなどポテンシャルの違いがあるのだから平等は難しい
　　　⇒生物学的な違いが，男性と女性の違いや格差を論じる根拠となる．これを生物学的決定論という．問題は，2つのカテゴリーにすべてを収斂させ，個々の差異を隠してしまうこと．
　　②「本能」，「遺伝子」
　　・人間も動物なので，オス・メスの本能があるのではないか？⇔確かに，本能について説明しきれない．
　　・本能で男女は決定されている／遺伝子レベルで分けられている

⇒「本能」という，ある種曖昧な概念によって男女の差異が正当化され，遺伝子や染色体型が無闇に一般化される傾向がある．確かに形質的な「遺伝」はあるが，意味や考え方が遺伝するとはいいきれない．
2) ジェンダーも根源的ではないか
・「男／女らしさ」が学習されたものだとしても，それは決定的な重みをもつのでは？
⇒1) で挙げたものを「生物学的決定論」とすれば，こちらは「社会的決定論」と呼ばれる．どちらも極端にそれぞれの要因を強調しすぎる傾向がある．
3) とにかく男と女は違う
・男女は元々違うのだから，理屈でどうにかなるものではない
⇒ジェンダー関連の講義の受講者でも，このような意見はかなり存在する．自身の思い込みを強弁することになり，科学的というより信仰的だが，これも現実に対するひとつの構えであろう．まずは，証拠 (evidence) に基づくことを意識してほしい．

2. 構築されるジェンダー
1) 家庭や生育環境におけるジェンダーの学習
　①養育者との相互作用を通して
・自分の名前に，ジェンダーに関する親からの期待が込められているなんて考えたことがなかった．
・名前にも流行があるので，自分と似た名前をよく見かける．それが社会の刻印となる？
・性別を特定できない名前が増えている⇔いまだに女の子だから「子」をつけるという考えもある．
・親との相互作用を通してジェンダーを学習してきたことを理解した．
・「女の子だから」と強制されたり，制限されたりすることがある／男子は強くて「あたりまえ」とみなされると逃げ場がない／身近な人から「らしさ」が強要されると，周りには自分の敵しかいなくなる．
・温情的庇護主義（パターナリズム）は，子どもの自立を遠ざけないか？
⇒養育者との相互作用とその反復を通して，ジェンダーは「学習」されていく．問題は，そこに「性規範のダブル・スタンダード」が媒介しやすいこと，またそれに関連した「パターナリズム（温

情的庇護主義)」により，子どもの経験を狭めてしまう可能性が
あることであろう．
②服装や髪型，自称，言葉遣いの学習
・ことばを覚えてからは，親の呼びかけをまねて，自分で自分の名前
を自称としていたが，小学生になってから恥ずかしくなったので
「俺」と呼ぶようになった／物心ついた頃は「ぼく」だったが，反
抗期になってから「俺」になったという．
・服装や髪型は母親の趣味だった／着る服は母親が用意した．
・幼い頃は姉の影響が強かったので「おままごと」などしていたが，
小学校入学後は男友だちの影響でごっこ遊びが増えた．
　⇒「ぼく」，「わたし」という自称の違いや，ズボン，スカートとい
　　う服装の違い，寒色系，暖色系の色合いの違いなどは，まずは養
　　育者の価値基準が反映する．その後，同世代の友人との相互作用
　　を通して，個々の意味世界は上書きされていく．
③性規範のダブル・スタンダード (Double Standard：以下，DS と略
　記)
・お兄ちゃんはテレビゲームで遊んでいても何も言われなかったが，
自分は家事を手伝わされた．
・片づけたり掃除したりすることは女きょうだいに期待された．
　⇒DS は，男子と女子とで期待される基準が異なるという意味だが，
　　言い換えれば，一方に期待されることが，他方に期待されないと
　　いうことでもある．
④進学における期待の差異
・自分は大学進学についてやりたいことをやればよいと親からいわれ
たが，兄は大学進学を強要された．
・男性は社会に出て就職し，家族を食べさせていかなければならない
ので，大学進学は必須．
　⇒当該社会のジェンダー観を反映して，進学への期待は男女によっ
　　て異なる．これも DS だが，大学進学率等に見られる男女差は国
　　によって異なることに注意．
2) 学校における学習
　①隠れたカリキュラム (Hidden Curriculum：以下，HC と略記)
・学校教育に媒介された相互作用を通して，無意識に社会で期待され
る「らしさ」が学習される．
・サッカーの GK など，ケガする可能性があることは男子の役だった

／女子は守られるものとして扱われた／男子は女子を泣かせてはいけないという，目に見えない規範があった．
- 小学校時代，男女を平等に怒る先生は，女子の保護者からクレームを受けていた．
- 確かに，「体育座り」は最初嫌だったが，今ではもう慣れてしまった／整列と言われると，男女の二列で背丈の昇順になってしまう／「起立 - 礼 - 着席」，「気をつけ - 前へならえ - 直れ」などの規律は，学校で徹底的に教えられた／学校における「身体の規格化」はちょっと恐ろしい／そのような規律は「自発的服従」の事例になる／学校生活でいろいろと教え込まれていたんだと理解／それを不思議に思わなかったのが不思議だ．
- 学校の規律を子どもたちが守ることは悪いことなのか？
  ⇒「隠れたカリキュラム」とは，主に学校において暗黙の了解に基づいて生徒に伝達されるステレオタイプのことをいう．学校における「身体の規格化」(M. フーコー)もジェンダーの差異を強化する働きがある．私たちは HC に無頓着でいるのではなく，そのことにセンシティブ（敏感）であることが求められよう．

②友だちとの相互作用
- 服装や言葉づかいは，友人と比べて恥ずかしくないように変わっていった／ダサイ髪型や服装がだんだん嫌になってきた／小学校高学年から半ズボンを拒むようになった．
- 友だちが，「僕」や自分の名前を自称として使うのを恥ずかしがった影響で，自分も「俺」というようになった／いじめられないように「俺」を使うようになった／バカにされないように，用いる一人称が変化した．
- 男子が女子と遊んでいると冷やかされた／影で悪く言われた／男の子と遊んでいる女子は「男の子みたい」，「男好き」と言われた／男生徒ばかりと話す女性を「男好き」と思った経験がある．
- 大学生になる直前の春先，メイクで焦り始める女性の友人が増えた．
  ⇒学校をはじめとする教育機関は，私たちが初めて体験する社会である．そこでの相互作用を通して，私たちは養育者との関係で構築した自らの有り様を再編集していく．ジェンダーも，学校における校則や規範，及び，そこでの友人関係を通して，それ以前とは多少なりとも変容する．

③遊びにおける男女差
- 幼稚園の頃は，身体的にも体力的にもまだ差がない時期なので，男女で分かれていることは少なかった／夏になると男女問わずパンツ一丁で遊んでいたし，男女で相撲を取っていた．
- 皆でケイドロを遊んだが男子は女子にタッチしなかった／男子は泥棒を捕まえる役，女子は陣地を見張る役と決まっていた．
- ドッジボールで，男子は女子を狙わないルールがあった／男子が女子を狙う際は下投げというルールだった／女子の顔を狙うのはNGだった⇔低学年では体格差はなく，女子にも力の強い子がいた．
- 女子は，先生から，激しい遊びよりも，室内遊びが推奨された／女子は学校で一輪車や遊具遊びを勧められた．
- 室内で，カードゲームをして遊ぶ男子も多かった．
  ⇒幼稚園時代にはあまり見られなかったジェンダーの区別は，成長に従って，というよりそれに先立って整備されていく．女子は守られるものとして扱われ，男子は活発に外に出て遊ぶことが期待されるというDSが顕著になっていく．

④制服のジェンダー
- 幼稚園の頃は，スモックの色が男女で分かれていた／持ち物の色が男女で別だった．
- なぜ学校の制服は男女で違う？／確かに，スカートを履くことで，歩幅を狭く激しく動かない立ち居振る舞いを学習した．
- 自分の高校では女性もズボンスタイルが選択できたが，全校集会ではスカートが強制された．
  ⇒男女による色分けや制服の違いによってDSが固定されるのと同時に，行動や立ち居振る舞いのジェンダー差が学習されていく．

⑤生活指導をめぐって
- 幼稚園で，「俺」と言った友だちは，「僕」と言えるまで外に遊びにいけなかった／小学校で，教師から自称を直された．
- 女子が汚い言葉遣いをすると注意されたが，男子は不問だった．
- 校則で，女子と男子の髪型や髪の長さの規定が違った／「男子の長髪は不潔」といわれた．
  ⇒生活指導にはジェンダー・ステレオタイプ（以下，GST）が媒介しやすいが，それはGSTによる矯正，さらにはGSTの弥縫でもあるだろう．

⑥進路指導のジェンダー差
- 高校の進路指導で,「男なんだから大学にいっておけ」と言われた / 男子は, 将来のこと, 大学の就職率, 就職先を提示されるが, 女子は興味のあることに関連した進路が提示される / 進路指導で, 結果的に自分のライフコースを変更する女子もいた.
- 女子の方が細かいことに気がつくので接客向きといわれた.
- 女は家事をする傾向が高いので学歴は関係ないのでは?
  ⇒進路指導ではジェンダーによって提示される内容が異なる. 教員がGSTを自明視している場合, それは隠れたカリキュラムとして作用しやすい.

3) メディアとジェンダー

①子ども向け番組におけるジェンダー
- 人気のあるテレビアニメのほとんどで, 女の子は「守られて」いる / 女子は清潔できれい好き, 男子は強くて女子を守るというSTが氾濫している / 格闘もののアニメで, 男は血まみれになるが, 女はそれほど出血しない / 男のヒーローは敵の女と闘わない.
- 幼い頃から見ているテレビアニメで,「女の子は優しい」,「男の子は元気」というジェンダー・コードが刷り込まれてきたと理解した.
- 男女別のCMで宣伝される商品が欲しかった / 男女差を前提にした商品の販売戦略があることに気がついた / 自分も確かに, アクセサリーや魔法少女関連のCMは食いついてみていた⇔食品のおまけが男女で分かれており, 欲しかった男の子向けを親に頼んでようやくゲットした.
  ⇒子どもが養育者と生活する場にもメディアは影響を及ぼしていく. そして, 子ども向けのメディアには純朴な形でジェンダー・ステレオタイプが混入されている. そのコードは, 個々の子どもに学習され, その上で友人とも共有されることで定着していく. そこには, 市場の影響があることも見過ごせない.

②テレビCM・ニュース・バラエティ
- コーヒーのテレビCMに男性が多いのは, 働き手=男性イメージが強いから? / CMで車を運転するのは男性が多い.
- バラエティ番組で芸能人が「男が女を食べさせるんだぞ」と強調していた /「女は自分の幸せだけ考えていれば良い」というセリフがあった / TVでも見かける「男だから頑張れ」はセクハラになると聞いたが?

- ニュースバラエティ番組の主導権を握るのは男性／サポート役は女性／男性はメインキャスター，女性はサブキャスター／政治や社会，国際的なニュースは男性アナが担当することが多く，女性はエンターテイメントやファッション，食レポ，占いのコーナーの担当が多い／女性がニュースを読み上げる場合，男性キャスターはコメントを担当する／スポーツコーナーは男性担当が多い／スポーツ選手のインタビューは女性が多い／サブキャスターとしての女性は，男性のことばを補う形で発言している．
- 男性の服装はスーツ，女性はオフィスカジュアル／服装の色合いが，女性は華やかで，男性は紺などが多い／ミュージシャン系の芸能人でもニュース番組に出るときはスーツを着用／女性はスカート着用率が多い？／女性はパンプスを履いていることが多い．
   ⇒映像メディアにおいて「形」としてみせられることによる影響力は大きい．とくに民放の場合，報道内容ばかりでなく，スポンサー，すなわち市場との関係にも注意を払うことが必要である．

③雑誌
- 女性向け雑誌で化粧品や痩身美容，脱毛の広告が多い／女性＝美というイメージがあたりまえのように反復されている．
- ファッション誌では，掲載された写真の写り方が男女で違う／女性は目線を合わせ，男性はそらせている／女性は手でも表現しているが，男性は手をポケットに突っ込むものが多い．
- 「デートのとき」という特集で登場する女性は皆スカートを履いている．
- 「男子はこれできまり！」や「女子はこれを着るべき！」などという文言で誘導している／「女性目線で〜」や「男はかっこよく〜」などとジェンダー規範があたりまえのように使われている／低年齢向けの女性誌では「かわいい」がキーワードになっている．
   ⇒映像メディアと同様，ジェンダーのステレオタイプが再生産されるのと同時に，広告を通して市場に結びついていることにも注意．

3．生活のなかで
1) ファッション
- 服装における男女差もジェンダーなのか？／スカートや化粧品は女性の象徴とされている．
- 「らしさ」の演出で服装が重要なことを理解した／機能よりもファッ

ションを重視する友人は，寒い冬でもスカートを着用／下にズボンを履いていてもその上からスカートを履くのは女性サインの表示？
2) 身体・美容整形
・美容整形は女性がその社会の規範を自ら受け入れていった結果？／確かに，脱毛やダイエットなど，男女によって社会の期待と評価が違う／摂食障害は確かに女性に多く見られるという．
・ダイエットなどは男女かかわりなくニーズがある⇔女性の方がダイエットに拘るのでは？
⇒ファッションばかりでなく，自身のからだの在り方にまでDSは及んでいる．「健康であること」と「美しくあること」とは問題が異なることは理解しておこう．

4. 婚姻・パートナーシップ
1) 意味変化
・結婚に生活保証という意味があることをはじめて知った／生活が苦しくなければ結婚の必要性は薄れる．
・未婚化が進んだのは婚姻制度にウンザリという人が増えたからでは？／結婚によって生じるリスクを考えると軽々しく結婚できない．
・家族が安らぎと慰安の場という見方は，男性の視点では？／女性は家事も育児も仕事もと，重労働の毎日を送っている／母はひとりの時間も欲しいそうで，皆がいるとストレスになることもあるという．
・共働きの両親はそれぞれの職場のストレスをぶつけ合ってしまう
・共働きの母は，働いた後で夜に家事をこなし，朝には家族の朝食を作るため，辛さを感じている．
・婚姻の意味変化に納得したが，都会と田舎では内容が違う．田舎では因習が強く，家父長制も残っている．
・「家族愛」というマジックワードが家族の軋轢を隠蔽するということに納得した．
・初婚どうしの場合「入籍」は間違いということを初めて知った／女性は夫の家系に入るものだと思っていた．
・婚姻の多様化を認めると全体の利益を損なう．
・日本ではなぜ同性婚が認められないのか？
⇒婚姻の意味が変容しつつあることは多様に論じられつつあるが，重要なのは「結婚するのがあたりまえ」という思い込みに流されず，当事者同士の意向を話し合って共有することでは？

2) 別姓・同姓
- 日本の夫婦同姓が制度化されたのは明治からだとは思わなかった / 伝統的に夫婦同姓だと思っていた / 同姓にしなくても良い国の方が多いことに驚いた / 源頼朝と北条政子の名字については以前から気になっていた.
- 結婚したら名字が変わるのが当たり前だと思っていた / 名字が変わっても損失は生じない / 家を継がなければいけないので名字が変わるのは困る / 変わることで全く違った存在になってしまうようで嫌だ / 個人的には同姓強要でいて欲しい / 別姓が認められても皆選ばない / 別姓にすると夫婦の一体感を損なう. ⇔確かに, 諸外国では別姓でも仲の良い夫婦や家族は多い.
  ⇒別姓については, 自分の身近な問題として関心が高い. ここでは, 諸外国の事例を通して, 別姓にしたからといって夫婦や家族の関係が疎遠になるとは限らないことを知ってほしい.

5. 生活環境

1) 近隣関係・地域共同体
- 自然災害などで, 地域共同体の重要性が再認識されるようになった. ⇔近隣の人たちと仲良くする必要を感じない.
- コミュニティが薄れているのは女性が働くようになったからではないのか？
- PTA 会長や自治会長は男性率が高いが, 活動そのものに男性が参加することは少ない / 仕事をもっている男性の地域活動は難しい.
- 女性は細かいコミュニケーション能力と高い調整能力をもっているから, 地域活動への参加は必須.
- ママ・カーストなどの問題もあるから, 地域の関係が拡がればよいというものでもない.
  ⇒近年, 地域防災という観点から地域共同体の繋がりが強調されつつある. そして, 確かに地域活動の中心を担ってきたのは「主婦」や「高齢者」だということはできるが, それは現状に即しているのだろうか？女性も労働に出ることが求められつつある現代, どのような関係づくりが求められるか？
  ⇒確かに地域活動への男性参加率は, リーダー職を除いて低いのも事実. 男性のコミュニケーション能力が劣っているかどうかはさておくとしても, ワーク・ライフ・バランスも重要では？

2) ネットワーク
- 近隣の人たちと日常的に接触しなくても，個人的な繋がりをもてばそれでよいのでは？／隣に住んでいる人のことはしらないが，ネット上でさまざまな関係をもっている．
- 自分の興味のあるところでさまざまなネットワークを作っていけばそれでよい．
  ⇒確かに，地域共同体とは異なるネットワークをもつことは重要だが，そこからリアルな近隣関係を除外する必要もないのでは？
  ⇒地域共同体が，実体的な土地と伝統，文化の上に成り立っている場合，それらが権威となって個々の行動を制約する可能性もあるが，選択的に関われるネットワークを多様にもつことで是正できないか？

6. 労働・仕事

- 性規範のダブル・スタンダードは，女性の社会進出が進んでいる現代でも本当に求められているのか？
- 海外留学は就活にマイナスになると噂されているが，友人は「女性だし，大企業狙いじゃないから」と，留学する予定．
  ⇒女性の社会参画が一般化した現代において，性規範のダブル・スタンダードは逆機能でしかないとはいえる．
  ⇒留学は就活にマイナスとは限らない．就活開始時点に遅れることがないならば，逆に経験や体験を積み，認識を深められるのだから，プラスになる可能性もある．

1) ジェンダー別の仕事イメージ
- そもそも昔から男性は外で仕事，女性は家で家事と決まっていた．
- 性によって「できない」仕事は存在しないが，「向き，不向き」はある．
- 男性が働いてお金を稼がなければ生活できない．⇔家族は働き手の男性の生き方を制約する．
  ⇒性別役割分担意識が古くからの伝統という意見を多くみるが，それは自分の目に触れる範囲でのことで，歴史とはあまり関係が無いのでは？「向き，不向き」もジェンダー差より個人差の方が大きいと思われる．「向き，不向き」に関係なく，働くことが期待される男性の生き方を考えてみよう．

2) アルバイトでのジェンダー
  ・男はキッチンの中で女性はフロア担当と分かれていた／店長に聞いたら，女性は失敗しても客からクレームを受けにくいからという／女性は社交的というイメージが強い／女性は火傷をすると大変なのでキッチンをやらせない／なぜ女性が注文受付けなのかを聞いたら「文化」だからといわれた．
  ・アルバイトで，身だしなみに求められるものが違う．男性は黒髪，短髪で，女性には華やかさと清潔感が求められる．
    ⇒アルバイトの経験がある人は多いと思うが，自分の配属された部署でどのようなジェンダーがみられるかは，自分でも確認しやすいだろう．その理由を聞いてみる，確認してみることは重要．
3) 労働条件
  ・スウェーデンの女性が出産後も仕事と育児を両立しているのは，そのような環境が整っているから／制度的に女性も保護されている／男性の育休取得率は8割以上だが日本は4%／スウェーデンと比べて日本は「労働」することを重視している／日本でも，もっと多様な子育て支援を充実すべき．
  ・アメリカではベビーシッターなどのサービスがあるが，日本では母親が面倒を見なければならない．
  ・日本では年功序列や終身雇用という慣習があったため，女性の働き方や位置づけに影響を与えた．
  ・日本における男女の賃金格差が大きいことを知らなかった．
    ⇒諸外国の制度やサービスと日本のそれとを比較してみることは，自分たちの今後の生活設計のためにも重要．

7. 社会問題とジェンダー

  ・日本の場合，政治や経済活動に自律的に参加せず，他人任せにしているのでは？
    ⇒皆が同じ意見や態度になるのではなく，微少な差異を互いに表現していくこと，そのような環境や関係が重要．
1) 児童虐待
  ・虐待はその人個人の責任では無く，周囲の人びとや国の施策とも関係している．⇔子育てがイヤで虐待するなら産まなければよい／ニュースになる虐待事件の多くは，育児へのいらだちから生じていないか．

- 虐待は，育児は女性がやるものという認識が女親に負担を上乗せした結果．
- 他人よりも，身近な人の方が危険だと母から指導された／知らない人よりも知人からの虐待が多い．
- 近隣関係をもたず，家族が孤立しているので虐待が見えづらくなっている．
- 虐待を道徳的にしか考えなかったので，経済的要因を重視しないことの重大性を感じた．
  ⇒虐待については，虐待者（バタラー）を非難する言説ばかりが目立ち，その背景要因まで言及するものが少ない．母性に言及する前に，なぜそのようなストレスが生じているのかを考えてみることも重要．格差や貧困など，経済的要因も考える必要がある．

2) DV
- DV があってもその状態を改善しようとしない人もいるのだから他人は口出しすべきでない⇔精神的身体的に支配されコントロールされる状況に陥らせてしまうのが DV の問題点．
- 隣人との繋がりが薄くなってきているので，隣家で DV が発生しても発見することが難しくなっている．
  ⇒日本の DV 防止法（「配偶者からの暴力の防止及び被害者の保護に関する法律」）は配偶関係とそれに準ずる関係を対象とするものの，同居をともなわない関係は対象外とされる．また，暴力行為があったとしても，それを訴えるかどうかは被害当事者に委ねられている．「支配」の問題から考えてみる必要あり．

3) 格差・貧困
- 親の貧困は，子どもの教育進学レベルに関係する．
- 貧困の影響は子どもの進学率に影響を与え，そこから就職率や給与水準にも繋がることになる⇔家族の貧困は現代日本ではあり得ない／生活保護がある⇔貧困から学べることは多くある／我慢を学習．
- 日本は，仕事をしても貧困解消にならない特異な状況にある．
  ⇒格差や貧困について「日本ではまれである」という言説をよくみかけるが，これは誤り．貧困の問題は世界的に研究の蓄積があるので参照してみること．
  ＊阿部彩『子どもの貧困』岩波新書，2008 ／ 赤石千衣子『ひとり親家庭』岩波新書，2014

4) 少子化問題
　・子育てか仕事かと選択を迫られる女性にとって出産はリスクになる／産んだ後のリスクを考えると子どもを産む気にならない／女性の社会進出に応じて社会が変容しないためリスクが生じている／少子化の原因は女性にあるのではなく育児と仕事が両立できない社会システムにある⇔女性は子どもを産むべきという意見をよく聞く．
　・経済的な問題から，理想とする子どもをもてないケースもある．
　　⇒近年の「人口減少社会」についての議論でも，いかに女性に子どもを産んでもらうかが声高に語られつつある．産むという機能に特化した女性観は，今まで蓄積されたジェンダーに関する論考を一挙に塗りつぶしてしまう危険性がある．
5) 高齢化
　・将来，親の面倒は自分でみていきたい．⇔自分が結婚した場合，相手の親のケアをしていくかどうかは微妙／自分の親の世話はするが，同時に相手の親の世話が必要になったときは難しい／親の世話はそれぞれが独自にやれば良いのではないか．
　　⇒介護役割は女性に期待されることが多い．それが自分の親であろうと，結婚相手の親であろうと，「家族による介護」という通念が，それを強要する傾向もある．介護離職も増加しており，その割合は女性の方が多いといわれる．「家族」がケアをするべきという通念はどこまで有効だろう？
6) 墓・戒名
　・添い遂げるということはお墓の中まで一緒ということではないか？⇔愛した人と一緒のお墓には入りたい／母は父方のお墓に入りたくないという／お墓に入ることは，誰かが世話をすることを強要しないか？／相手の親族と同じ墓に入るというイメージがわかない．
　・日本式の戒名で，男女が分けられるのはなぜ？極楽は平等ではないの？
　　⇒自分の死をどのように迎えるかということは，人生最後の自己決定ともいえる．どのような墓に入るのか，入らないのかについて法律的な規程はない．しかしながら，代々の親族墓の場合，継承者がその墓に入ることが自明視されるケースもある．その場合，宗派によっては，「他家に嫁いだ」女性が継承することを嫌がるケースもあるという．戒名は，男女で形式が異なるが，これも法律によって決められているわけではない．詳細は，島田裕巳『0

葬』(集英社, 2014) を参照.

8. 重要概念
1) 社会化 (socialization)
   - 人間がその社会のことばや文化を身につけていく過程が重要だと理解した / 相互作用の反復によって意味を獲得していくプロセスは納得した.
   - 親との相互作用を通して, 自分たちがジェンダーを身につけていく過程がわかった.
     ⇒人間が当該社会の成員となるために, そこでの諸規範や諸文化を学習していく過程を「社会化」と呼ぶ. これは個人的な学習ではなく, 他者との相互作用とその反復を通して, それらをパーソナリティに定着させていくプロセスでもある. 相互作用が継続している以上, すなわち, 生きて他者と交流をしていく以上, それは継続されることから, 変容の可能性は常に存在するともいえる.
2) ステレオタイプ (Stereotype：以下, ST と略記)
   - 社会を回すためには ST が必要 / 出身校も ST ということだが, よい大学に入った人は努力をしてきたんだから高評価は当然では？
   - ST で相手を測ることは実際によくある / 何で「普通」のことができないんだと親から叱られた記憶がある / ST は普段の生活に隠れている.
   - ST は捨てられるべき⇔ST は維持されるべき / 切りはなせない / 否定できない.
   - 性別が違うから完璧な平等は不可能 / 男がなよなよしているのは見ていて恥ずかしい / 男はみっともないから永久脱毛などすべきではない / 女はむやみに太ってはいけないきまりがある / 男・女として生まれてくる意味がある.
   - 慣例に倣うのは悪いことではない / 自分の意志で選んだ「らしさ」を否定された気がする.
   - ST に関する講義内容に反発したのは, 自身が ST にはまっていたからと納得した.
     ⇒ST とは, 特定の社会のなかで広く受容されている固定的な観念やイメージのことをいうが, 必ずしも根拠があるとは限らない. 重要なのは, ST が社会に広く受容されていることから, それに依拠することによって, つまり ST の防御の陰で, 自身の在り方

を安定させることができるということにある．逆にいえば，ST
への違反は自分にとっての脅威となる可能性があり，それに対す
る過剰反応を引き起こしやすい．この意味で，社会的弱者への
バッシングや厳しい反応はこれに関連する．STの代表例は，「普
通」，「あたりまえ」など．

＊W. リップマン『世論』（上，下）岩波文庫，1987

3) ハビトゥス (habitus)
・高校時代，ピンヒールやハイヒールを男子に履かせて，歩けないこ
とを笑っていたことがある / スカート着用時の歩幅など，それに慣
れなければできないことも多い．
・女性らしい立ち居振る舞いは，自分たちが学習した結果，意識しな
くてもそうできるようになったと理解した / 無意識であっても，そ
れが学習の成果と納得した / 化粧をすることが当初ほど億劫ではな
くなった．
⇒ハビトゥスとはブルデューによって提示された概念で，意識的な
統制なしに機能する身体化された習慣，社会的に獲得された性向
の総体という意味．ジェンダーに期待される行動様式はハビトゥ
スと考えるとわかりやすい．

＊P. ブルデュー『ディスタンクシオン』藤原書店，1990

4) LGBT / クイア (Queer)
・同性愛は子孫を残せないので動物の本能に違反している / そもそも
自分の周りに同性愛者はいなかった．⇔同性愛，異性愛を問わず，
好きな人を愛せる社会が必要 / カミングアウトできずに苦しんでい
る人もいる．
・同性愛が認められている国にいけばよい．
・確かに，同性愛者の存在を完全に無視していた / 素直に偏見をもっ
ていた自分が小さいと思った / 友だちに同性愛者がいる / バイト先
で一緒に働いている．
⇒性的マイノリティはLGBT（L：女性同性愛 Lesbian，G：
男性同性愛 Gay，B：両性愛 Bisexual，T：Trancesexual/
Trancegender）と表記される．これらの存在は，STへの違反者
とみなされやすく，また，かつては「治療」，「矯正」の対象とさ
れたことも覚えておく必要がある．LGについては，人口の約5%
と推計されており，実数にすれば100人中5人がそのような性的
指向をもっていてもおかしくない．LGBTとはまた，既存の性別

二元論カテゴリーの押しつけに対する抵抗として用いられることにも注意が必要．同様にクイアも，もともとは「変態」などのネガティブな意味であったものをあえて用いることで，「差異」を浮き彫りにさせるという戦略も込められている．

5) メディア・リテラシー
- テレビをはじめとしたメディアによって，自分たちはその国特有の思想を刷り込まれていないか？
- メディア情報で印象が替えられるのは恐怖／同性婚について「『普通の』愛は男女間から生まれる」というネガティヴ・キャンペーンを目にしたことがある．
- メディアが報道内容を取捨選択しているとは思わなかった⇔「万人向け」なトピックを報道するのはよいことでは？
- ジェンダー・バッシングなどもメディアが都合よく作りあげた虚像では？
- データや根拠に基づくことの重要性を理解した．
    ⇒メディアは必ずしも事実を報道しているわけではない．ブルデューによれば，テレビは象徴的に，誰もが興味をもつような万人向けの事実に興味を引きつける．万人向けとは誰の気にも触らない事実であり，争点や対立を起こさない事実であるが，それは貴重な事実を隠蔽することにもなるという．それぞれの報道の背後にある構造を読み解き，それを自らが発信していくことがメディア・リテラシーに通じる．
    ＊P・ブルデュー『メディア批判』藤原書店，2000

6) 生 - 権力
- 強圧的な権力を振りかざすよりも，民衆が自動的に従ってくれる方が，確かに効率が良い／排除するより，規律・訓練によって社会に適応させていく方が合理的と理解した／学校は規律・訓練の場？
- 社会が求める「らしさ」に従った方が生きやすい／STであっても，性役割が決まっていた方が楽だと思う．
- 友人に被支配的な恋愛をしている人がいるが，彼女は支配されることを心地よいとさえ思っているようだ．
    ⇒生 - 権力は，死の恐怖で支配する権力と異なり，生きるための環境を整備し，そこに人を取り込むことによって管理していく権力のことをさす．規律・訓練によって有用性を引き出し，健康を管理し人口を維持していくことによって社会の効率性や合理性は高

まる．STやハビトゥスの問題とも関連する．
  ＊M. フーコー『性の歴史1　知への意志』新潮社，1986
7) 権威主義的性格（Authoritarian Personality：以下，APと略記）
  ・無闇に権力に寄り添う傾向が確かに自分にもある／長いものに巻かれるということ？／強者への一体化は自尊感情を損なわないか？／APのシニシズムは自分も共通にもっている．
  ・権威や統制を受容する成員が求められている？
    ⇒ APは，ファシズムを支える心性の研究から提起された概念で，権威を無批判に受容する傾向のこと．STの集団的行使といってもよい．結果的に，自らが自発的に権威・権力に従属していく生―権力の議論と結びつく．
  ＊アドルノ『権威主義的性格』青木書店，1980
8) 自立
  ・自立という，一見正当なことばの背後には家族や女性への依存があるとしり，それが女性の評価をしづらくさせ，一方で家父長的に権威を振りかざす男性をうむと理解した／確かに，誰にも依存しないことなどできるわけがない／自立することがあたりまえだと思ってきた．⇔それでも，自立しなくてよいとは思わない．
    ⇒一般的に言われる「自立」とは健常者の，とくに男性を基準につくられたものであり，生産労働への従事を前提にしている．それ以外の存在，とくに社会的弱者との間に線が引かれることで，格差を正当化することを助長してしまいやすい．アトム化した個人の自立は個々の関係性を引き裂き，モノとモノとの関係に転化させてしまう（物象化）．

9. ジェンダー関連の講義について
1) 男女差別の扱い方
  ・ジェンダー論とは男女間の格差や差別を扱うのではないのか？
  ・「男」と「女」に振り分けられること自体が対象だと理解した．
    ⇒もちろんそれも重要なテーマだが，個別存在が「男」，「女」に二分され，それぞれに回収されていくプロセスも扱う．
2) 当たり前を問う
  ・自分にとってあたりまえだと思っていた世界が，ジェンダーによって区切られていることを理解した．
    ⇒「あたりまえ」や「普通」と思っていることのなかにジェンダー

　　　　　は埋め込まれている．ST やハビトゥスを参照．
3) 自分なりに考える学力
　・「常識」や「正解」に囚われず，自分なりに考えることが必要と感じた．
　　⇒ジェンダーは私たちの日々の行動によって再生産される．一般的に流通した思い込みをドクサ (doxa) と呼ぶが，この捉え直しを行っていく．ここで重要なのがセンシティブ (sensitive)，すなわち，敏感になるということである．

あとがき

　本書は『変化する社会と人間の問題―学校教育・ジェンダー・アイデンティティ―』（望月重信編著，2009）の大幅な改訂版である．本書は「ジェンダーの問題は構成される」という観点から読者に〈気づき〉を促し，同時に最新のジェンダー研究と傾向がわかりやすく解説・問題提起された著作である．ジェンダー研究はほぼ1980年代末からわが国で盛んになった．以前でも婦人問題，女子問題，女子教育と称して研究がなされてきた．それだけにその研究の伝統を引き継いだジェンダー研究―とくに歴史的研究（良妻賢母主義，母性研究，主婦論等）―を含めて多様なテーマを擁するようになった．

　ジェンダー研究の多様さの出現はジェンダー問題が晩期資本主義にあって，「人間の問題」―アイデンティティと自立と共生―として人びとの生きかた（ライフ・サイクル）に深く関わるものであるという自覚が本書の執筆者のあいだにある．またジェンダー研究の全領域をカバーすることにはあまり関心がない．そして，高等教育における「ジェンダーと教育」を前景にして，実践にともなう基本的かつアドホックなテーマに絞って各専門領域から自由に論じられている．

　読者を想定しているのは青年期を生きる人びとであるが，ジェンダーを生きるライフ・サイクルにジェンダーの視点を介入させたときどういう展望と課題が拓かれるのかを考えてみるという観点から一般の人たちにも何らかの示唆を与えるものと確信している．「性

別カテゴリー」からの解放，つまりジェンダー関係を軸として「性的指向」の多様性と非・均一性への気づきを発信している．

　本書でジェンダーの実践性に付き纏う「拘り」を開示している．これは「ジェンダー研究はなんのために」という問いがあり，「ジェンダー研究（学会）から教室へ」という問題意識があるからである．Being と Ought の問題は近代的二分法に由来すると思われるが，そのいずれかに陥穽する思考法を問題視するという大いなる野望がある．ジェンダー研究の実証主義と方法主義はジェンダーの現実構成を一定程度明らかにした（そのエビデンスは多数の「ジェンダ研究書」刊行物をみればわかる）．しかし科学主義や政治的イデオロギーの介入やある特定のドクサに導かれることにかなりに気を遣いながらジェンダー実践を追究しようとする試みはあまり多くない．これが本書のひとつの特徴である．そしてジェンダー実践につねに「ためらい」がありそれを研究者や実践者の自己弁護とせず，再帰的自己を呈示すること，けっしてジェンダーへの啓蒙主義に陥らないことに注意を払う．

　ジェンダー化社会とはどういう社会なのか？その社会からの解放を目指すべき批判と糾弾さるべき社会のことか？つまり，いわゆるジェンダー・フリーが実現した社会のことを指すのか，また男女共同参画社会こそジェンダー化社会を超えた社会ということなのか？いずれでもないと思われる．現代社会をジェンダーの視点から見たときさまざまなジェンダー構成が厳然としてあり，しかもそれが歴史的に構築されたものである，という「社会」と措定する．それは私には late modernity（晩期近代）であるとして，その歴史的・社会的構造を手繰り寄せるためにどんなジェンダー・パースペクティブが求められるのかを考えていくということである．

実質的なアイデンティティ探究の真髄をあらわすジェンダー関係の構築を考える．そこでは社会的秩序を変容するという問題意識のもとで「社会的勢力」の作用を読み取る．晩期近代の流動性と軌道性を「地」とした（ジェンダー）「差異」を維持していく過程を考えて行きたい．

　これが私の考える「ジェンダーの視点」である．
　そして，本書の二人の執筆者において，それぞれ個性ある「ジェンダーの視点」を読者に学んでいただき，執筆者とともに本書を通じて活発な議論ができるよう願ってやまない．
　本書刊行の企画は，ほぼ2年半前に話された．学文社社長，田中千津子さんにはかなりのご面倒をおかけした．でも，その間にも絶え間のない激励をいただいた．刊行まで辛抱強く待っていただいた．そして出版状況の悪いなか良い機会を与えてくださった田中社長に心から感謝の意を表したいと思う．
　2016年2月

望月　重信

索　引

あ 行

アドルノ, T.　223
アーノット, M.　16, 205
赤川学　30, 52
天野正子　24, 30, 59
アルバイト　217

育休　217
威信コード　196
依存　133
依存性　9
一個の責任主体　157
一般化された他者　93
伊藤公雄　30, 36, 190
井上輝子　48
イリガライ, L.　18
岩田正美　130
インプリンティング　48

ウイッティ, G.　38
ウィメン・オブ・カラー　153
ウィリス, P.　14
ウィルス, P.　25
ウェーバー, M.　6
上野陽子　154
上野千鶴子　15, 28, 59, 105, 120, 132
ウェルマン, B. 116
ウォーム　104
ウッズ, P.　204

エスピン＝アンデルセン　85
M字型の就業パターン　171
江原由美子　32
LGBT　221
エンパワーメント　22

大平健　104
小熊英二　154
オークレー, A.　195
落合恵美子　136
小内透　139
温情的庇護主義　208

か 行

介護　219
解釈的アプローチ　92
外爆発　95
戒名　107, 219
科学知　2
隠れたカリキュラム　50, 108, 191, 209, 213
家族　105
家族主義　85
加速的ジェンダー　49
可塑性　9
課題提起型教育　24
活動人口　120
金井淑子　64, 161
亀田温子　30, 36
賀谷恵美子　64
カルキン, J. M.　102
川口章　61
関係性　123
関係の絶対性　146
間主観的世界　197
カント, I.　2

機械の時代　95
キッセ, J. L.　205
キティ, E. F.　134
ギデンズ, A.　100, 114
木村涼子　26, 30, 59, 200
共生　127, 137

ギリガン, C. 134
規律・訓練　108, 131, 222
銀行型教育　24, 151

クイア　221
クール　99
グレノン, L. M.　194
グローバル・ビレッジ　96, 103, 114

ケアの倫理　134
経済成長　135
ケインズ, J. M.　135
ケルナー, H. 22
権威主義的性格　223

行為の再帰的モニタリング　100
交歓する関係　118
合計特殊出生率　77
公的領域　32
合理的　98
コールバーグ, L.　46, 133
個人化　136
子育て支援　218
子ども社会学　198
コミュニティ　113
コミュニティ・デザイン　119
小山静子　205
コンシャスネス・レイジング　22
コンネル, R. W.　191, 204

さ　行

差異　128
再帰性　100, 114
ザイン　190
佐倉智美　204
笹原恵　60
サドカー, M. & D.　203
ザ・ラッズ　14

シェーラー, M.　4
ジェンダー関係　66

ジェンダー・ギャップ　30
ジェンダー言説　62
ジェンダー・コード　191, 196, 213
ジェンダー・サバイバル・ストラテジー　204
ジェンダー指向性　193
ジェンダー・ステレオタイプ　56, 211
ジェンダー・センシティブ　22, 164, 224
ジェンダー秩序　18, 50
ジェンダー・トラック　58
ジェンダー平等　189
ジェンダー・フリー　15, 51
ジェンダー・プレイ　193
ジェンダー分化　47
ジェンダー・ポジショナリティ　61
ジェンダー・ラベル　197
じか　161
自己＝他者性を生きる　164
市場　105
私的領域　32
児童虐待　77
自発的服従　108, 131
自明の世界　45
下夷美幸　136
主婦　133
社会化　iii, 8, 89, 90, 220
社会化モデル　193
社会的決定論　208
社会的構成　31
社会的包摂　130
周辺化　19
少子化　229
女縁　120
生涯未婚率　69
自立　127, 132
シングルマザー　177
心身二元論　109
身体の規格化　107, 131, 210

スタンワース, M.　16
ステレオタイプ　94, 106, 220
スピヴァク, G. C.　153, 160
スペクター, M. B.　205
スミス, A.　6

性規範のダブル・スタンダード　208
正義の論理　134
生—権力　222
性現象　66
性的指向　65, 226
性的社会化　45
性的同一性　46
性的二元主義　194
性同一性障害　52, 200
性のグラデーション　ii
性の二分法　90, 106
生物学的決定論　208
性別カテゴリー　57, 225
性別役割分業　73, 80, 190
世界開放性　7
セクシズム　21
セクシャル・オリエンテーション　56
セクシュアリティ　56
戦略的本質主義　153

ゾレン　3, 190
尊重する関係　118

た 行

第一次言語　110
第一次社会化　93
対抗文化　13
第3次男女共同参画基本計画　54
第3号被保険者制度　182
第二次言語　110
第二次社会化　93
第2波フェミニズム　193
高市早苗　147

高橋優子　148
高松久子　147
多賀太　30, 52
高谷清　111
田口裕二　150
竹内敏晴　109, 111, 161
他者　161
脱家族化　85
脱制度化　136
脱埋め込み　114
舘かおる　30, 63
田中美津　161, 165
男女共同参画社会基本法　53, 201
男女雇用機会均等法　62, 180
男性稼ぎ主モデル　184

地球村　96

鄭暎惠　151, 160
DV防止法　218
ディセント・ワーク　201
テーマ型コミュニティ　119
デューイ, J.　5
電気の時代　95
天童睦子　26, 30

ドクサ　133, 225
トポス　11
トラッキング　58

な 行

内爆発　95
中西正司　132
中西祐子　30, 58
ナショナリズム　152

日常知　1
二分法的ジェンダー　26
日本型福祉社会論　75
日本ジェンダー学会　190
入籍　214

人間形成　1

ネットワーク　116

野口三千三　109
野村浩也　144

は　行

墓　219
バーガー，P. L.　12, 22, 92, 195
パーソンズ，T.　71, 91
橋本紀子　23
バスロン，J. C.　10
パターナリズム　208
バックラッシュ　15, 155
パートタイム労働法　183
バトラー，J.　204
花崎皋平　156
パノプティコン　108
ハビトゥス　221
万人向け　112, 222
バンデューラ，A.　46

ひとり親世帯　80
ピープル　156
標準家族　73
貧困の女性化　176

夫婦別姓の同姓　216
フーコー，M.　27, 107, 131, 133
フェスティンガー，L.　155
フェミニストペダゴジー　27
フェミニスト教育学　63
フェミニスト教師　189
フェミニズム論　28
福祉国家　135
藤田英典　141, 199
藤田由美子　26, 48
物象化　133, 160
フランシス，B.　33
ブレーム　112

ブルデュー，P.　10, 112, 221, 223
フレイレ，P.　24, 32, 151
フロイト，S.　45
文化資本　10

ベヴァリッジ，W. H.　135
ベム，S.　46
ヘルバルト，J. F.　6

ボーヴォワール，S.　55, 197
ボードリヤール，J.　107
ボーボワール　55
ポジショナリティ　146, 151
ポジティブ・アクション　61
ポストコロニアリズム　143, 151
ポストモダンフェミニスト　32
ポスト構造主義　17, 33
ホット　99, 104
堀健志　30
本能　207

ま　行

マーティン，J. R.　164
マクルーハン，H. M.　89, 95
マクロ　44
マッキーヴァー，R. M.　113
マードック，G. P　70

ミクロ　44
未熟　5
見田宗介　118
ミード，G. H.　93

メディア・リテラシー　112, 222
メディアはメッセージである　96
メルロ＝ポンティ，M.　109
メンズ・リブ　52

文字文化の時代　95
モデリング　46
本橋哲也　144

森昭　3
森繁男　26, 30, 50
諸橋泰樹　48
問題解決型教育　151

や 行

山岸健　51
山口智美　155
山崎亮　119
山田昌弘　37

ら 行

ライフコース　171
ラディカルフェミニスト　19
ラポール　159

リースマン, D.　101

リップマン, W.　94, 221
リプロダクティブ・ヘルスライツ　47

ルックマン, T.　12, 195

レヴィ＝ストロース, C.　196
レビタス, R.　130

労働者派遣法　181
労働力　133

わ 行

ワーカーズ・コレクティブ　122
ワーキング・プア　176
ワーク・ライフ・バランス　180, 215

ジェンダー化社会を超えて
―― 教育・ライフコース・アイデンティティ ――

2016年3月30日　第一版第一刷発行

著者　望月　重信
　　　春日　清孝
　　　原　　史子

発行所　株式会社 学文社
発行者　田中千津子

〒153-0064　東京都目黒区下目黒3-6-1
電話 03(3715)1501(代表)　振替 00130-9-98842
http://www.gakubunsha.com

落丁・乱丁本は, 本社にてお取り替えします.
定価は, 売上カード, カバーに表示してあります.

印刷／新灯印刷
〈検印省略〉

©2016 Mochizuki Shigenobu, Kasuga Kiyotaka and Hara Ayako Printed in Japan
ISBN978-4-7620-2573-0